GEEK WORD SEARCH

FROM **ASIMOV** TO **ZOMBIES**,
MORE THAN 50 PUZZLES FOR HOURS OF
GEEKY FUN

ADAMS MEDIA

adamsmedia
Avon, Massachusetts

Published by
Adams Media, a division of F+W Media, Inc.
57 Littlefield Street, Avon, MA 02322. U.S.A.
www.adamsmedia.com

ISBN 10: 1-4405-6078-1
ISBN 13: 978-1-4405-6078-1

Printed in the United States of America.

10 9 8 7 6 5 4 3 2 1

To geeks and puzzle enthusiasts everywhere!

Thanks to the editorial staff at Adams Media, including our on-staff geek gang, for helping to pull together this puzzle series!

Contents

Introduction

The puzzles in this book are in the traditional word search format. Words in the list are hidden in the grid in any direction: up, down, forward, backward, or diagonally. The words are always found in a straight line, and letters are never skipped. Words can overlap. You know what to do: Circle the words you find, and keep track of the ones you've found, so you're not hunting for "RINGSOFPOWER" twice.

The Rules of Word Search

The outline of the game, as you know, is simple: A favorite strategy is to look for the first letter in a word, then see if the second letter is in any of the eight neighboring letters, and so on until the word is found. Or instead of searching for the first letter in a word, it is sometimes easier to look for letters that stand out, like Q, U, X, and Z. Double letters in a word will also stand out and be easier to find in the grid. Another strategy is to simply scan each row, column, and diagonal looking for any words.

We'll assume you've got some brain power (and/or some intense dedication) working for you, so that's all the hints you'll get for now. Now, go and enjoy the geeky themes of these classic word search entries.

Chapter 1

Puzzle Level 1

ADVANCED
APPLIANCES
CAR
CLOTHING
COMMUNICATIONS
COMPUTERS
CRAFTS
DAILY
DEVELOPMENT
EDUCATION
EFFICIENCY
ELECTRONICS
ENGINEERING
EVOLUTION
FAST
FIRE
FUTURE
HUMAN
INDUSTRY
INFORMATION
INTERNET
INVENTIONS
LEARN
MACHINES
MATH
MEDICINE
METAL
MODERN
NEW
ORGANIZATION
POWER
PRINTING PRESS
PROGRESS
RADIO
SCIENTIFIC
SOFTWARE
STONE AGE
SYSTEMS
TECHNOLOGY
TELEPHONE
THE WHEEL
TOOLS
TRANSPORTATION
WEAPONS
WORLD

Puzzle 1.01: Technology

F	R	T	E	N	R	E	T	N	I	N	D	U	S	T	R	Y	N	K	S
C	O	M	M	U	N	I	C	A	T	I	O	N	S	Y	S	T	E	M	S
M	O	D	E	R	N	H	C	O	M	P	U	T	E	R	S	J	N	L	N
I	S	M	W	D	J	H	K	I	H	L	Y	P	R	C	P	V	O	Q	O
R	L	J	L	D	I	H	T	D	Z	W	L	R	P	I	I	J	I	P	P
C	O	D	Z	R	F	C	T	A	B	F	I	N	G	F	N	T	T	T	A
L	O	S	D	M	R	Z	I	R	M	H	A	O	N	I	V	U	A	S	E
O	T	E	L	E	P	H	O	N	E	N	D	I	I	T	E	S	Z	C	W
T	H	E	W	H	E	E	L	D	E	E	Y	T	T	N	N	T	I	I	H
H	V	O	C	E	V	F	E	H	V	C	S	A	N	E	T	O	N	N	A
I	P	V	H	H	N	C	W	E	N	A	X	M	I	I	I	N	A	O	U
N	U	O	F	D	N	G	L	E	F	K	N	R	R	C	O	E	G	R	O
G	C	R	L	A	N	O	I	T	A	T	R	O	P	S	N	A	R	T	S
J	U	R	V	N	P	C	L	N	M	E	R	F	I	I	S	G	O	C	O
C	O	D	A	M	I	K	U	O	E	E	R	N	I	T	R	E	V	E	F
W	A	M	E	F	E	Y	I	M	G	E	T	I	N	R	A	E	L	L	T
B	U	N	F	U	T	U	R	E	Y	Y	R	A	F	K	C	C	C	E	W
H	T	E	Q	R	N	S	S	E	C	N	A	I	L	P	P	A	U	T	A
C	J	W	H	N	E	V	O	L	U	T	I	O	N	K	V	N	I	D	R
S	E	N	I	H	C	A	M	A	Q	S	S	E	R	G	O	R	P	M	E

Solution on page 122

ADDITION
ALGEBRA
ALGORITHM
BOOKS
BUSINESS
CALCULATIONS
COUNTING
DECIMAL
DIVISION
EDUCATION
EQUATIONS
EXPONENT
FACTOR
FRACTIONS
FUNCTION
GEOMETRY
GRAPH
INTEGERS
LEARN
MATHEMATICS
MINUS
MULTIPLICATION
NUMBER THEORY
NUMERALS
OPERATIONS
PLUS
PROBLEM
PRODUCT
QUOTIENT
READING
SCIENCE
SLIDE RULE
SQUARE ROOT
STATISTICS
STUDY
SUBTRACTION
TABLE
TEACH
TIMES
TRIGONOMETRY
VALUE

Puzzle 1.02: Arithmetic

V	G	Q	Q	G	B	Q	U	X	B	J	P	H	L	B	O	O	K	S	J
L	E	N	P	Y	M	W	C	Z	D	F	C	L	P	R	O	B	L	E	M
K	V	S	N	R	F	U	A	R	U	A	M	Q	U	O	T	I	E	N	T
V	A	L	U	E	O	A	L	N	E	Z	U	P	S	S	D	Q	S	T	W
T	F	R	S	B	I	D	C	T	B	U	S	I	N	E	S	S	N	H	D
J	I	F	C	E	T	T	U	T	I	N	H	P	R	L	C	E	O	T	J
F	B	M	I	H	I	R	L	C	O	P	W	U	A	E	N	F	I	B	D
J	L	D	E	O	H	S	A	I	T	R	L	R	D	O	L	A	T	S	K
K	O	I	N	S	P	T	T	C	S	E	E	I	P	R	L	B	C	Y	Y
Z	U	V	C	B	A	A	I	N	T	M	H	X	C	G	A	I	A	R	C
D	F	I	E	H	R	T	O	V	U	I	E	N	E	A	T	X	R	T	O
C	V	S	M	E	G	I	N	N	Z	K	O	B	Q	A	T	Y	F	E	U
M	G	I	P	H	T	S	S	L	E	A	R	N	M	W	N	I	U	M	N
H	E	O	S	A	T	T	S	Q	U	A	R	E	R	O	O	T	O	O	T
G	O	N	U	F	S	I	Y	R	O	E	H	T	R	E	B	M	U	N	I
G	M	Q	N	Y	V	C	R	Q	S	T	E	A	D	D	I	T	I	O	N
X	E	B	I	K	B	S	C	O	A	F	U	R	E	A	D	I	N	G	G
P	T	O	M	V	T	L	I	M	G	G	S	R	E	G	E	T	N	I	R
S	R	E	U	T	K	X	H	T	N	L	A	M	I	C	E	D	K	R	P
S	Y	D	U	T	S	G	N	O	I	T	A	C	U	D	E	T	W	T	C

Solution on page 123

ACTION
ADVENTURES
AKIRA TORIYAMA
ANIMATION
BATTLES
BULMA
CARD GAME
CARTOON NETWORK
CHARACTER
CHILDREN
COMICS
DRAGON
DRAWING
EMPEROR PILAF
FANTASY
FIGHTING
FRIENDSHIP
GOHAN
HEROES
JAPANESE
KIDS
KRILLIN
MAGIC
MANGA
MARTIAL ARTS
MOVIE
MYSTICAL
POPULAR
POWER
SERIES
SON GOKU
STORY
TELEVISION
TOONAMI
TOURNAMENTS
TRAINING
VICTORY
VIDEO GAMES
VILLAINS
WISH

Puzzle 1.03: Dragon Ball

E	G	C	D	V	D	P	Q	Q	A	N	R	M	N	F	O	J	Y	Z	O
N	S	O	O	O	K	Y	T	P	O	W	E	R	N	O	Z	Y	Q	G	U
M	N	E	U	M	R	R	W	J	N	Z	T	E	E	V	G	Z	M	P	U
E	I	M	N	O	I	S	I	V	E	L	E	T	R	I	Q	A	V	C	B
I	C	M	T	A	A	C	A	L	Z	V	O	C	D	C	R	N	R	U	X
I	R	S	A	G	P	N	S	E	L	U	W	A	L	T	A	I	L	D	U
E	G	N	I	N	I	A	R	T	R	I	L	R	I	O	G	M	S	Y	C
P	O	O	A	E	O	M	J	N	S	A	N	A	H	R	A	A	E	T	K
K	H	I	K	U	V	O	A	H	C	F	L	H	C	Y	U	T	R	F	D
J	A	T	I	S	U	M	T	I	A	A	Z	C	P	S	S	I	I	H	N
B	N	C	R	R	E	B	T	V	R	L	F	G	H	E	R	O	E	S	C
B	B	A	A	N	G	S	I	T	D	I	D	O	M	R	B	N	S	P	Y
G	A	P	T	Q	Y	L	S	L	G	P	Y	A	O	U	M	A	J	O	S
L	T	S	O	M	L	T	G	H	A	R	G	A	V	T	G	T	J	P	A
Y	T	M	R	A	I	H	T	M	M	O	H	S	O	N	G	O	K	U	T
C	L	R	I	N	Y	I	O	A	E	R	T	X	A	E	V	P	N	L	N
Y	E	N	Y	L	N	V	S	D	X	E	G	M	K	V	V	K	Y	A	A
W	S	M	A	G	I	C	I	S	P	P	I	H	S	D	N	E	I	R	F
A	X	M	M	E	S	V	N	G	Q	M	Y	D	R	A	W	I	N	G	H
T	G	C	A	R	T	O	O	N	N	E	T	W	O	R	K	I	D	S	W

Solution on page 124

ACOUSTIC
AMPLIFIERS
BASS
BLUES
BODY
BRIDGE
CHORDS
CONCERT
CORD
DISTORTION
EFFECTS
ELECTRICITY
FENDER
FRETBOARD
GIBSON
GUITARIST
HEAVY METAL
INSTRUMENTS
JAZZ
LES PAUL
LOUD
MUSICIANS
NECK
NOISE
NOTES
PERFORMANCE
PICKUPS
PLAYER
POPULAR
REVERB
RHYTHM
ROCK AND ROLL
ROCK BAND
SOLO
SONG
SOUND
SPEAKERS
STAGE
STRINGS
TONE
TOUR
TUNING
VIBRATION
WOOD

Puzzle 1.04: Electric Guitar

S	I	K	Y	S	O	B	D	G	F	F	S	R	P	V	L	T	O	U	R
M	Z	N	W	P	R	Z	A	F	P	E	Y	R	A	S	D	R	O	H	C
L	Y	M	J	E	Z	G	E	F	L	D	J	S	V	E	R	M	Z	N	R
U	I	H	V	A	W	N	K	Z	A	Z	T	G	C	Z	A	R	C	G	E
K	V	E	J	K	D	E	V	R	Y	N	E	N	O	B	O	O	R	U	O
B	R	X	H	E	A	V	Y	M	E	T	A	L	K	C	B	C	L	F	S
I	P	Y	R	R	L	P	U	M	R	M	O	G	K	W	T	K	T	G	W
M	R	A	S	S	F	E	U	V	R	S	I	A	K	K	E	B	R	I	N
R	P	L	E	T	E	R	C	O	H	H	N	F	T	H	R	A	E	B	I
D	O	G	T	N	T	S	F	T	Y	D	O	B	Z	V	F	N	C	S	R
G	P	X	O	S	K	R	I	V	R	H	Y	T	H	M	Z	D	N	O	H
N	U	S	N	W	E	R	I	O	D	I	S	T	O	R	T	I	O	N	S
I	L	I	T	P	S	B	L	C	N	X	C	I	T	S	U	O	C	A	S
N	A	U	T	R	R	L	Q	A	M	P	L	I	F	I	E	R	S	T	A
U	R	S	N	A	I	C	I	S	U	M	E	Y	T	J	F	U	A	E	B
T	Q	F	T	X	R	N	O	N	A	W	S	M	M	Y	F	G	L	P	T
B	R	I	D	G	E	I	G	R	R	D	P	N	C	K	E	Y	Z	B	R
H	O	O	O	H	Y	O	S	S	D	U	A	Y	P	I	C	K	U	P	S
N	N	D	O	E	U	F	X	T	S	O	U	N	D	V	T	E	W	U	B
B	Z	I	W	H	R	C	K	G	H	L	L	G	N	O	S	U	N	L	B

Solution on page 125

ACCESSORIES
ARCADE
CALL OF DUTY
COMMUNITY
COMPETITION
CONSOLE
CONTROLLERS
DISK
DVD PLAYER
ELITE
ENTERTAINMENT
EXPENSIVE
FRIENDS
FUN
GAMING
GRAPHICS
GREEN
HALO
HARD DRIVE
HARDWARE
HEADSET
INTERACTIVE
INTERNET
MICROSOFT
MOVIES
MULTIMEDIA
MULTIPLAYER
MUSIC
NETFLIX
NETWORK
NINTENDO
ONLINE
PLATFORM
PLAYING
PLAYSTATION
SOFTWARE
SYSTEM
TECHNOLOGY
TELEVISION
VIDEO GAMES
WIRELESS
XBOX LIVE

Puzzle 1.05: Xbox 360

S	D	N	E	I	R	F	U	N	L	Q	Z	W	W	N	E	E	R	G	I
M	O	V	I	E	S	V	I	U	N	Q	M	L	B	G	N	I	M	A	G
R	X	S	D	Y	T	U	D	F	O	L	L	A	C	I	L	M	R	X	C
W	T	V	N	P	F	N	S	I	N	X	W	K	L	Q	U	C	B	O	C
P	E	E	C	G	L	C	E	I	S	I	V	N	H	L	A	O	M	O	H
L	R	S	Q	O	I	A	N	M	R	K	O	S	T	D	X	M	G	N	E
A	A	E	Q	H	N	T	Y	E	N	T	E	I	E	L	U	P	N	I	A
Y	W	M	P	T	E	T	L	E	X	I	M	Z	I	N	E	E	O	C	D
I	D	A	S	N	B	E	R	N	R	E	A	V	I	L	A	T	I	S	S
N	R	G	D	Y	S	L	V	O	D	E	E	T	I	C	L	I	S	C	E
G	A	O	L	S	E	K	S	I	L	S	Y	T	R	I	J	T	I	K	T
O	H	E	X	X	K	S	A	T	R	L	E	A	E	E	T	I	V	R	F
O	Y	D	X	D	E	F	H	A	Z	D	E	D	L	N	T	O	E	O	O
E	V	I	T	C	A	R	E	T	N	I	D	R	S	P	R	N	L	W	S
Y	I	V	C	I	M	E	T	S	Y	S	C	R	S	T	I	E	E	T	O
P	L	A	T	F	O	R	M	Y	Z	C	U	I	A	H	R	T	T	E	R
M	S	A	X	D	T	E	R	A	W	T	F	O	S	H	A	F	L	N	C
M	E	T	E	C	H	N	O	L	O	G	Y	Q	P	U	J	L	Y	U	I
C	O	N	S	O	L	E	X	P	E	N	S	I	V	E	M	I	O	A	M
D	Y	U	K	E	R	C	T	F	F	G	V	G	P	U	O	X	M	Q	A

Solution on page 126

ANIMATION
CARTOONS
CGI
CHARACTERS
COLORS
COMPLICATED
COMPUTER GRAPHICS
DIGITAL
DRAW
DREAMWORKS
EXPENSIVE
FANTASY
FILMS
FRAMES
GAMES
HUMAN
IMAGES
MODERN
MORPHING
MOTION CAPTURE
MOTION PICTURES
MOVEMENT
MOVING
PIXEL
POPULAR
REALISTIC
RENDERING
SCREEN
SHADING
SHREK
SOFTWARE
STOP MOTION
TELEVISION
TEXTURES
THREE DIMENSIONAL
TIME
TOY STORY
TWEENING
TWO DIMENSIONAL
VIRTUAL

Puzzle 1.06: Computer Animation

T	S	E	G	A	M	I	C	P	E	F	T	F	E	C	N	F	L	I	T
L	F	R	S	T	N	A	M	U	H	M	O	S	I	E	L	I	K	D	C
N	A	M	E	C	R	H	K	K	L	O	Y	T	S	Z	D	L	K	R	P
S	K	G	O	T	I	A	X	V	E	V	S	H	T	U	N	M	O	E	L
M	R	J	O	V	C	H	L	J	P	I	T	R	W	K	O	S	G	A	A
O	S	O	L	W	E	A	P	U	L	N	O	E	E	E	I	T	N	M	U
R	N	E	L	I	M	M	R	A	P	G	R	E	E	R	S	O	I	W	T
S	L	E	J	O	Y	O	E	A	R	O	Y	D	N	H	I	P	D	O	R
A	L	A	N	A	C	R	T	N	H	G	P	I	I	S	V	M	A	R	I
Y	S	A	T	N	A	F	L	I	T	C	R	M	N	D	E	O	H	K	V
U	E	A	N	I	M	A	T	I	O	N	G	E	G	U	L	T	S	S	X
J	X	A	R	N	G	T	I	M	E	N	M	N	T	B	E	I	P	M	F
T	P	Y	E	E	D	I	P	J	I	I	P	S	I	U	T	O	G	P	U
V	E	X	D	E	J	L	D	R	D	Q	I	I	E	H	P	N	Z	C	R
Y	N	P	O	R	I	G	E	O	P	I	X	O	C	R	P	M	U	O	C
O	S	K	M	C	K	D	W	Y	Y	G	E	N	J	T	U	R	O	C	G
E	I	E	A	S	N	T	O	Y	P	B	L	A	P	G	U	T	O	C	J
Q	V	T	M	E	R	A	W	T	F	O	S	L	X	V	E	R	X	M	E
L	E	F	R	A	M	O	T	I	O	N	C	A	P	T	U	R	E	E	A
D	R	A	W	T	G	P	E	S	A	J	A	N	F	R	A	M	E	S	T

Solution on page 127

ALTERNATIVE
BIOENERGY
BIOFUELS
BIOMASS
CARBON
CLEAN
COAL
CONSERVATION
CONTROVERSIAL
CURRENT
DAMS
DEPENDENCE
EFFICIENT
ELECTRIC VEHICLES
ENVIRONMENTAL
EXPENSIVE
FARM
FOSSIL FUELS
FUSION
FUTURE
GAS
GENERATIONS
GEOTHERMAL POWER
GREEN
GRID
HEAT
HYBRID
HYDROELECTRICITY
HYDROGEN
HYDROPOWER
NATURAL
NUCLEAR POWER
RECYCLING
RENEWABLE ENERGY
RESOURCE
SAFE
SOLAR PANELS
SOLAR POWER
SUN
TECHNOLOGY
TIDAL POWER
WATER
WAVE POWER
WIND POWER
WIND TURBINES

Puzzle 1.07: Green Energy

N	A	T	U	R	A	L	D	Y	X	L	P	H	Z	L	E	L	H	L	K
E	C	R	U	O	S	E	R	E	T	A	W	R	D	I	R	B	Y	H	N
G	S	V	E	F	A	S	E	N	I	B	R	U	T	D	N	I	W	Y	A
O	L	R	R	E	N	E	W	A	B	L	E	E	N	E	R	G	Y	D	E
R	E	A	B	S	O	L	A	R	P	A	N	E	L	S	I	F	I	R	L
D	U	R	I	Z	M	C	A	N	O	I	T	A	V	R	E	S	N	O	C
Y	F	E	O	S	U	I	I	L	S	N	O	I	T	A	R	E	N	E	G
H	L	C	E	L	R	H	C	T	T	N	E	I	C	I	F	F	E	L	O
Y	I	Y	N	E	G	E	O	T	H	E	R	M	A	L	P	O	W	E	R
D	S	C	E	U	A	V	V	M	E	R	R	C	N	O	B	R	A	C	E
R	S	L	R	F	T	C	W	O	V	V	E	N	O	I	S	U	F	T	W
O	O	I	G	O	A	I	N	A	R	Y	I	W	A	A	Q	C	U	R	O
P	F	N	Y	I	E	R	S	E	V	T	M	S	O	T	L	F	T	I	P
O	L	G	Z	B	H	T	M	M	E	E	N	H	N	P	I	B	U	C	D
W	O	A	P	N	U	C	L	E	A	R	P	O	W	E	R	V	R	I	N
E	C	N	E	D	N	E	P	E	D	D	G	O	C	X	P	A	E	T	I
R	J	T	I	D	A	L	P	O	W	E	R	J	W	Q	F	X	L	Y	W
T	J	L	A	T	N	E	M	N	O	R	I	V	N	E	W	U	E	O	G
H	T	E	C	H	N	O	L	O	G	Y	D	C	U	R	R	E	N	T	S
G	A	S	S	A	M	O	I	B	L	W	Z	R	S	P	H	M	I	Z	O

Solution on page 128

BUILDING
CHARACTERS
CHOICES
COMPUTER GAME
CONTROL
CREATIVE
DESIGN
ELECTRONIC ARTS
ENTERTAINMENT
EXPANSION PACKS
FAMILIES
FRIENDS
FURNITURE
GAMING
HOME
HOUSE PARTY
HOUSEHOLD
INTERACTIVE
JOBS
LIFE SIMULATION
MAXIS
NEIGHBORHOOD
ONLINE
PEOPLE
PETS
PLAYING
POPULAR
SERIES
SHOP
SIM CITY
SIMLISH
SIMULATOR
SOCIAL
STRATEGY
SUBURBAN
VIDEO GAME
VIRTUAL REALITY
WILL WRIGHT
WORK
XBOX

Puzzle 1.08: The Sims

M	T	D	L	C	J	R	F	P	E	C	H	A	R	A	C	T	E	R	S
A	C	L	F	R	I	E	N	D	S	H	S	E	I	L	I	M	A	F	V
E	C	O	E	E	P	O	P	U	L	A	R	P	I	T	A	Z	A	I	W
X	P	H	L	A	L	U	R	S	T	R	A	T	E	G	Y	T	R	R	H
T	H	E	P	T	A	R	E	R	U	T	I	N	R	U	F	T	V	S	V
D	G	S	O	I	Y	U	C	H	O	I	C	E	S	K	U	G	T	K	U
P	A	U	E	V	I	T	C	A	R	E	T	N	I	A	N	R	H	C	O
M	M	O	P	E	N	E	E	C	X	U	B	S	L	U	A	O	G	A	U
E	I	H	Y	Z	G	L	W	K	P	U	H	R	P	C	B	T	I	P	L
Y	N	O	I	T	A	L	U	M	I	S	E	F	I	L	R	A	R	N	V
I	G	U	U	V	I	Z	O	L	E	A	J	N	R	Z	U	L	W	O	R
D	E	S	I	G	N	C	D	B	L	M	O	O	A	D	B	U	L	I	S
L	V	E	B	Z	S	I	M	I	C	R	A	U	N	F	U	M	L	S	Q
A	W	P	F	E	N	A	T	I	T	O	X	G	A	L	S	I	I	N	M
I	F	A	I	G	X	Y	W	C	S	M	N	L	O	L	I	S	W	A	O
C	P	R	Z	I	T	N	E	M	N	I	A	T	R	E	T	N	E	P	Q
O	E	T	S	I	M	L	I	S	H	K	P	S	R	J	D	Z	E	X	B
S	T	Y	O	N	E	I	G	H	B	O	R	H	O	O	D	I	O	E	A
G	S	B	N	F	D	J	T	T	H	Q	M	O	F	B	L	B	V	F	V
O	D	X	J	J	F	X	T	S	O	R	B	E	W	S	X	W	L	T	P

Solution on page 129

ACTORS
APOCALYPSE
ATTACK
BARBARA
BEN
BITE
BLACK AND WHITE
BLOODY
BODIES
CANNIBALISM
CEMETERY
CLASSIC
CORPSE
CROSS
CULT
DARK
DIRECTOR
DUANE JONES
ESCAPE
EVIL
FARMHOUSE
FILM
FIRE
FLESH
GROUNDBREAKING
JOHNNY
KILLING
MONSTERS
MYSTERIOUS
NIGHT
OLD
ORIGINAL
PENNSYLVANIA
PEOPLE
PUBLIC DOMAIN
RURAL
SCARY
SEQUEL
STORY
SURVIVE
TERROR
THEATER
UNDEAD
VICTIMS
ZOMBIES

Puzzle 1.09: Night of the Living Dead

A	U	S	L	Z	V	I	K	O	Z	Z	S	S	O	R	C	T	L	U	C
Y	R	E	T	E	M	E	C	H	V	W	H	A	O	Y	D	O	O	L	B
X	O	A	P	A	S	U	R	V	I	V	E	R	U	N	D	E	A	D	N
Q	V	B	B	E	I	R	F	E	W	P	R	T	M	I	B	S	K	E	M
T	O	I	G	R	L	D	U	A	N	E	J	O	N	E	S	E	G	U	H
W	B	A	C	S	A	P	K	N	T	N	U	K	W	I	G	I	I	F	M
N	I	G	H	T	B	B	O	K	P	N	L	A	C	F	R	B	O	I	A
K	G	K	D	O	I	L	M	E	K	S	G	C	C	A	O	M	I	L	U
E	C	R	F	R	N	M	A	M	P	Y	U	T	P	R	U	O	N	M	D
R	U	A	M	Y	N	N	S	C	K	L	N	O	K	M	N	Z	E	Y	X
Z	U	D	T	N	A	L	T	M	K	V	C	R	X	H	D	E	Y	S	O
M	J	R	O	T	C	E	R	I	D	A	F	S	C	O	B	S	F	T	Y
N	O	X	A	R	A	U	T	S	L	N	N	I	T	U	R	C	L	E	X
Z	H	N	B	L	I	R	P	Y	G	I	M	D	R	S	E	A	E	R	H
A	N	E	S	T	E	G	P	N	E	A	E	N	W	E	A	P	S	I	W
U	N	W	C	T	N	S	I	S	E	Q	U	E	L	H	K	E	H	O	J
N	Y	M	A	T	E	L	P	N	I	A	M	O	D	C	I	L	B	U	P
D	O	E	R	T	L	R	M	S	A	E	X	H	U	D	N	T	F	S	Q
G	H	E	Y	I	O	F	S	P	Z	L	B	F	O	F	G	G	E	L	G
T	V	J	K	C	E	L	I	V	E	T	I	B	R	J	R	H	O	Y	A

Solution on page 130

ALIGNMENT
ASTRONOMICAL
BLACK
BLOCK
BOOK
CELESTIAL
COMPLETE
CORONA
COVERED
DARK
EARTH
EVENT
FREQUENT
GREEK
HISTORY
IMAGE
LINE
LOVE
LUNAR
MAGNITUDE
MOON
MYTHOLOGY
NASA
NIGHT
OBSERVATION
ORBITS
PARTIAL ECLIPSE
PASSES
PENUMBRA
PHASE
PHENOMENON
PLANETS
RARE
SCIENCE
SHADOW
SIZE
SOLAR SYSTEM
SPACE
STARS
SUNLIGHT
SYZYGY
TIME
TOTAL ECLIPSE
UNIVERSE
VIEW

Puzzle 1.10: Eclipse

S	B	Q	N	P	L	P	X	X	S	E	A	J	C	O	R	O	N	A	M
S	H	T	R	A	E	Z	I	S	E	V	E	N	T	Y	B	Y	R	E	Y
D	D	N	A	S	A	E	T	E	L	P	M	O	C	S	R	B	T	M	T
P	L	Z	Y	S	K	G	X	R	K	I	T	I	E	O	H	S	D	I	H
N	L	F	P	E	N	U	M	B	R	A	U	R	T	B	Y	O	J	T	O
F	K	R	N	S	E	K	C	A	L	B	V	S	D	S	L	I	N	E	L
J	T	E	S	P	I	L	C	E	L	A	I	T	R	A	P	T	M	N	O
U	V	Q	I	Q	J	B	C	B	T	H	W	A	C	M	R	P	Z	X	G
N	Z	U	Q	N	C	L	N	I	O	O	L	I	P	H	O	K	R	W	Y
B	P	E	H	B	I	O	O	P	D	O	M	T	L	B	L	O	C	K	X
K	O	N	S	P	E	N	V	A	S	O	K	N	A	L	Q	R	N	L	E
F	R	T	S	P	G	P	H	E	N	O	M	E	N	O	N	B	A	D	S
N	F	E	H	Z	A	S	T	O	R	U	Z	M	E	V	F	I	U	H	R
P	L	X	Z	G	M	E	R	A	R	E	A	N	T	E	T	T	B	X	E
S	S	U	Q	E	I	T	K	P	W	K	D	G	S	S	I	S	G	S	V
A	T	V	N	C	S	L	H	N	E	M	Q	I	E	N	Y	M	A	U	I
W	L	A	S	A	E	C	N	E	I	C	S	L	G	Z	T	H	G	I	N
W	G	E	R	P	R	M	R	U	V	L	E	A	Y	H	P	V	F	O	U
W	M	F	Z	S	Y	G	X	O	S	C	M	G	H	R	X	L	G	K	Q
U	Y	K	R	P	Y	L	F	N	K	A	Y	A	E	J	L	Q	O	O	C

Solution on page 131

ACCELERATION
ASTRONOMY
ATTRACT
COALESCE
CONSTANT
CONVECTION
DARK MATTER
EARTH
EINSTEIN
ENERGY
ESCAPE VELOCITY
EXPERIMENT
FALLING
FIELD EQUATIONS
FORCE
GALILEO GALILEI
GROUND
ISAAC NEWTON
LAWS
MASS
MOON
MOTION
NATURAL PHENOMENON
NEWTONS THEORY
OBJECTS
ORBITS
PHYSICS
PLANETS
PRINCIPIA
QUANTUM GRAVITY
QUANTUM MECHANICS
RELATIVITY
ROTATION
SCIENTIFIC
SOLAR SYSTEM
SPACETIME
STARS
THE SUN
TIDES
UNIVERSE
URANUS
VECTOR
WEIGHT

Puzzle 1.11: Gravity

N	U	N	H	U	Y	L	A	W	S	C	I	E	N	T	I	F	I	C	E
H	O	B	O	X	R	G	P	R	C	O	N	S	T	A	N	T	G	R	M
S	Z	I	F	N	O	G	A	L	I	L	E	O	G	A	L	I	L	E	I
U	R	O	T	C	E	V	C	O	N	V	E	C	T	I	O	N	H	T	T
N	L	D	F	A	H	M	H	U	A	I	E	D	H	Q	S	T	L	T	E
A	A	W	W	J	T	J	O	S	H	E	M	Y	G	U	R	K	P	A	C
R	S	V	S	G	S	O	S	N	C	D	A	T	I	A	O	I	Z	M	A
U	T	H	E	G	N	N	R	O	E	O	A	I	E	N	M	S	Y	K	P
N	R	L	D	N	O	O	A	I	M	H	I	C	W	T	Z	A	E	R	S
I	O	D	I	I	T	O	T	T	M	W	P	O	T	U	Y	A	Y	A	T
V	N	I	T	L	W	M	S	A	U	E	I	L	C	M	G	C	T	D	I
E	O	O	T	L	E	I	S	U	T	P	C	E	A	G	L	N	I	N	B
R	M	D	R	A	N	S	N	Q	N	L	N	V	R	R	N	E	V	I	R
S	Y	H	O	F	R	G	U	E	A	A	I	E	T	A	U	W	I	E	O
E	G	F	Q	S	K	E	Z	D	U	N	R	P	T	V	S	T	T	T	B
G	R	O	U	N	D	T	L	L	Q	E	P	A	A	I	E	O	A	S	V
T	E	X	P	E	R	I	M	E	N	T	W	C	T	T	H	N	L	N	I
N	N	H	V	P	H	Y	S	I	C	S	A	S	Y	Y	T	C	E	I	M
E	E	C	R	O	F	U	Q	F	E	C	S	E	L	A	O	C	R	E	K
S	V	O	B	J	E	C	T	S	O	L	A	R	S	Y	S	T	E	M	V

Solution on page 132

ACTION
ADULT SWIM
ADVENTURE
ANIMATION
ART FORM
BIG HAIR
CARTOONS
CHARACTERS
CHILDREN
COMICS
COMPUTER
CONVENTIONS
COSPLAY
CUTE
DRAWINGS
DUBBING
ENGLISH
ENTERTAINMENT
EXPRESSIONS
FAN
FICTION
FILM
FUN
GUNDAM
HENTAI
INTERNET
JAPANESE
LARGE EYES
MAGIC
MANGA
MOTION
NARUTO
OSAMU TEZUKA
OTAKU
POKEMON
POPULAR
SCENES
SERIES
STORY
STYLIZED
SUBTITLES
TECHNIQUE
TELEVISION
VIDEO GAMES
VOICE ACTING

Puzzle 1.12: Anime

N	M	D	R	A	W	I	N	G	S	E	I	R	E	S	E	N	E	C	S
B	A	N	E	G	Q	H	H	P	O	P	U	L	A	R	S	T	O	R	Y
N	N	R	T	J	U	V	E	U	Q	I	N	H	C	E	T	L	H	Z	H
F	G	C	U	G	A	N	O	N	Z	B	N	U	M	T	S	R	S	W	M
Z	A	R	P	T	Q	P	D	U	T	R	I	A	W	C	O	M	I	C	S
A	M	A	M	U	O	R	A	A	L	A	G	G	N	A	F	D	L	O	T
H	Q	O	O	S	I	A	D	N	M	O	I	Y	H	R	P	S	G	T	U
H	J	E	C	C	N	V	R	U	E	N	O	I	T	A	M	I	N	A	N
E	I	Y	A	O	E	O	O	D	S	S	U	O	V	H	I	U	E	K	O
X	N	Y	C	N	N	A	I	I	K	Y	E	T	U	C	F	R	A	U	I
Z	T	I	T	O	J	V	K	S	C	A	R	T	O	O	N	S	R	G	T
Q	E	U	I	I	U	Z	E	U	S	E	Q	P	O	K	E	M	O	N	O
R	R	F	O	T	P	L	C	N	Z	E	A	D	U	L	T	S	W	I	M
E	N	B	N	C	T	M	Z	Y	T	E	R	C	I	G	A	M	U	B	R
P	E	C	H	I	L	D	R	E	N	I	T	P	T	Z	X	X	Z	B	O
O	T	E	T	F	C	L	G	L	A	S	O	U	X	I	H	X	Y	U	F
R	G	B	F	E	N	T	E	R	T	A	I	N	M	E	N	T	S	D	T
G	U	Z	I	Q	L	A	R	G	E	E	Y	E	S	A	M	G	E	T	R
S	T	Y	L	I	Z	E	D	Y	T	E	L	E	V	I	S	I	O	N	A
D	G	G	M	F	C	Y	U	E	B	K	Y	A	L	P	S	O	C	W	A

Solution on page 133

ANDROIDS
ARTIFICIAL
ASIMOV
ASSEMBLY LINE
AUTOMATON
BRAIN
COMPANION
COMPUTER
CONTROLLED
CYBORG
DANCE
DESIGN
DEVICE
DIGITAL
FACTORY
FUTURE
HARDWARE
HUMANLIKE
HUMANOID
INDUSTRY
INTELLIGENT
JAPAN
JOBS
LIGHTS
MACHINE
MAID
MANUFACTURING
METAL
MILITARY
MOTOR
MOVEMENT
MOVING
REMOTE
RESEARCH
SCIENCE FICTION
SMART
SOFTWARE
SPACE
SURGERY
TELEROBOT
TOYS
VACUUM
WALK
WIRES
WORKER

Puzzle 1.13: Robot Workers

J	Y	N	S	U	H	V	L	S	S	M	F	H	E	E	S	P	A	C	E
O	R	V	A	C	U	U	M	S	A	D	G	K	L	J	C	S	R	C	G
B	T	N	R	E	F	S	M	C	W	R	I	J	S	M	O	V	I	N	G
S	S	G	E	O	E	U	H	A	O	L	H	O	Y	B	M	V	A	E	X
T	U	C	N	R	T	I	Y	B	N	P	W	O	R	K	E	R	R	Q	E
H	D	T	I	I	N	O	Y	A	Y	O	K	A	A	D	L	C	T	F	V
G	N	W	L	E	R	C	M	K	U	M	I	X	T	Y	N	T	I	G	H
I	I	B	Y	F	N	U	O	V	Y	N	Y	D	I	R	Y	A	F	W	N
L	Q	F	L	X	H	C	T	N	E	G	I	L	L	E	T	N	I	W	Z
A	A	D	B	G	L	T	E	C	T	W	Q	S	I	G	W	R	C	N	J
T	N	E	M	E	V	O	M	F	A	R	B	G	M	R	C	B	I	B	P
I	F	S	E	C	S	B	C	L	I	F	O	A	G	U	E	W	A	J	D
G	I	I	S	O	D	O	K	R	O	C	U	L	Y	S	E	M	L	Z	A
I	A	G	S	M	M	R	F	M	A	T	T	N	L	R	J	E	O	J	N
D	W	N	A	P	A	E	B	T	O	C	A	I	A	E	O	V	N	T	C
I	I	B	U	A	S	L	T	M	W	P	Y	W	O	M	D	T	O	S	E
A	M	T	I	N	I	E	A	A	A	A	D	V	I	N	I	Y	C	M	W
M	E	S	Y	I	M	T	K	J	L	R	R	N	A	Y	S	X	X	A	Y
R	R	U	O	O	O	S	O	Q	A	C	P	E	R	U	T	U	F	R	F
O	R	B	A	N	V	K	C	H	C	R	A	E	S	E	R	P	W	T	Q

Solution on page 134

ANATOMY
AXON
BALANCE
BRAINSTEM
CELLS
CEREBELLUM
CEREBRAL CORTEX
COGNITIVE
COMPLEX
CONSCIOUSNESS
CONTROL
CRANIUM
DAMAGE
FRONTAL LOBE
FUNCTION
HALF
HEMISPHERES
HORMONES
IDEAS
IMAGING
INJURY
INTELLIGENCE
LEARN
LEFT
LOBES
MEDULLA
MEMORY
MENTAL
MIND
NERVOUS SYSTEM
NEUROTRANSMITTERS
ORGAN
RESEARCH
RIGHT
SECTIONS
SENSORY
SEROTONIN
SKULL
SPINAL CORD
STROKE
SYNAPSES
THOUGHTS
TISSUE
VERTEBRATE
WAVE

Puzzle 1.14: Your Brain

G	C	C	O	M	P	L	E	X	J	L	W	G	X	X	W	P	D	P	E
J	S	R	E	T	T	I	M	S	N	A	R	T	O	R	U	E	N	E	S
B	E	H	O	R	M	O	N	E	S	O	B	Q	W	S	K	U	L	L	E
X	S	B	E	M	E	N	T	A	L	J	H	H	C	R	A	E	S	E	R
I	P	V	T	L	D	B	J	X	W	F	K	B	D	T	F	E	L	N	E
V	A	F	I	O	U	B	R	A	I	N	S	T	E	M	M	Q	D	D	H
W	N	E	S	R	L	R	F	A	Y	R	O	M	E	M	M	O	Z	I	P
C	Y	D	S	T	L	Q	R	M	L	Y	N	I	N	O	T	O	R	E	S
R	S	V	U	N	A	C	O	N	S	C	I	O	U	S	N	E	S	S	I
B	T	L	E	O	W	T	N	E	R	V	O	U	S	S	Y	S	T	E	M
S	H	X	I	C	A	E	T	S	V	M	O	R	I	G	H	T	S	C	E
V	G	P	M	N	N	G	A	P	F	U	N	C	T	I	O	N	E	O	H
C	U	D	A	D	G	A	L	I	S	L	L	E	C	E	A	T	C	G	D
R	O	N	G	F	A	M	L	N	A	L	V	L	U	X	X	S	T	N	I
S	H	I	I	N	O	A	O	A	S	E	N	S	O	R	Y	H	I	I	G
F	T	M	N	R	W	D	B	L	B	B	A	N	W	B	N	N	O	T	V
H	L	R	G	J	D	Z	E	C	N	E	G	I	L	L	E	T	N	I	J
M	D	A	O	G	U	A	F	O	C	R	A	N	I	U	M	S	S	V	C
D	N	X	H	K	R	R	W	R	V	E	R	T	E	B	R	A	T	E	B
I	Q	G	E	N	E	I	Y	D	B	C	N	Y	R	Y	F	D	D	A	Z

Solution on page 135

ADVENTURE
AGUMON
ANGEMON
ANIMATION
BATTLE
CARD GAME
CARTOON
CHARACTERS
CHILDREN
COMIC
CREATURES
DEVIMON
DIGITAL MONSTERS
DIGITAL WORLD
EGGS
ENTERTAINMENT
FRONTIER
HATCH
INTELLIGENCE
JAPANESE
KIDS
LIFE CYCLE
MANGA
MEDIA FRANCHISE
MOVIES
PARALLEL UNIVERSE
POWER
TAMERS
TELEVISION
TOYS
TRANSFORM
TV SERIES
VIDEO GAMES
VIRTUAL PET

Puzzle 1.15: Digimon

C	P	H	A	T	C	H	Q	R	Z	M	O	V	I	E	S	D	I	K	Z
F	C	A	U	J	L	A	J	G	R	E	I	T	N	O	R	F	V	K	Y
W	S	K	R	S	T	I	R	O	W	E	T	M	D	Z	Y	N	A	S	M
C	R	G	J	A	Q	I	F	T	S	I	G	L	P	H	U	E	G	R	C
R	S	W	G	A	L	S	F	E	O	F	R	I	O	X	S	R	U	E	R
N	H	N	C	I	N	L	N	L	C	O	V	K	W	R	Z	U	M	T	E
F	A	V	U	A	P	A	E	E	W	Y	N	P	E	H	F	T	O	C	A
M	S	J	R	V	P	Y	D	L	X	E	C	T	R	N	T	N	N	A	T
G	O	T	S	A	R	L	A	J	U	A	S	L	O	N	S	E	T	R	U
O	Z	R	J	N	A	T	I	A	R	N	O	M	E	N	G	V	U	A	R
V	O	L	W	D	I	E	V	U	O	V	I	M	F	I	G	D	B	H	E
X	L	F	D	G	E	Z	H	M	I	V	N	V	L	V	E	A	Y	C	S
P	S	V	I	U	L	O	L	R	E	I	U	L	E	L	N	D	R	I	E
M	R	D	P	K	T	A	T	D	A	S	E	U	Y	R	Q	D	N	M	I
Y	E	S	Y	O	T	U	G	T	A	T	Y	P	U	X	S	A	E	O	R
W	M	E	D	I	A	F	R	A	N	C	H	I	S	E	C	E	Q	C	E
H	A	S	G	L	B	E	V	I	D	E	O	G	A	M	E	S	F	R	S
D	T	I	P	Z	T	E	L	E	V	I	S	I	O	N	F	N	R	A	V
C	D	E	X	N	O	I	T	A	M	I	N	A	N	G	E	M	O	N	T
F	T	C	E	M	A	G	D	R	A	C	H	I	L	D	R	E	N	Q	J

Solution on page 136

ACTION
ALIENS
ANIMATED
ANT MAN
AVENGERS ASSEMBLE
BATTLE
CAPTAIN AMERICA
CARTOON
COMIC BOOKS
DOCTOR DOOM
FICTIONAL
FIGHT
FOES
HAWKEYE
HELP
IRON MAN
JACK KIRBY
JUSTICE
MANTIS
MARVEL COMICS
MIGHTY
MUTANTS
MYSTERY
POWERS
ROBOTS
SAVE
SERIES
SPIDERMAN
STAN LEE
SUPERHEROES
SUPERHUMANS
TEAM
THE HULK
THOR
UNIVERSE
VILLAINS
VISION
WASP
WIT

Puzzle 1.16: The Avengers

F	V	Y	R	E	T	S	Y	M	U	T	A	N	T	S	Z	O	F	R	N
N	S	Q	N	A	M	R	E	D	I	P	S	Y	T	H	G	I	M	C	O
B	S	E	Y	K	N	A	A	G	U	D	L	A	L	I	E	N	S	A	I
E	T	E	A	O	L	H	R	N	R	H	N	R	R	R	Z	L	W	S	T
G	H	A	I	V	V	U	I	V	H	L	L	M	S	S	W	W	P	E	C
G	G	S	C	R	E	V	H	K	E	A	F	E	I	C	Y	A	A	Z	A
P	I	O	U	S	E	N	V	E	N	L	O	Y	T	A	B	A	S	L	R
V	F	W	K	R	R	S	G	O	H	F	C	R	N	P	R	N	G	P	T
S	Z	S	S	E	D	E	I	E	E	T	O	O	A	T	I	W	Y	H	O
W	U	E	Z	O	O	T	W	H	R	T	R	U	M	A	K	Q	O	D	O
S	C	O	M	I	C	B	O	O	K	S	I	Y	L	I	K	R	E	V	N
T	J	R	M	I	T	P	N	K	P	D	A	L	L	N	C	T	B	A	T
X	D	E	F	C	O	C	E	Z	X	N	I	S	M	A	A	S	M	M	Z
S	L	H	B	E	R	U	E	L	T	V	E	A	S	M	J	N	F	H	T
W	P	R	L	Y	D	Y	V	M	T	C	E	T	I	E	O	T	H	J	R
D	F	E	V	E	O	X	A	Y	I	T	O	N	F	R	M	U	T	E	B
C	P	P	Z	K	O	N	S	T	T	B	A	N	I	I	Z	B	H	Z	U
R	K	U	X	W	M	G	S	C	O	R	U	B	Q	C	Y	U	L	Z	W
B	W	S	N	A	M	U	H	R	E	P	U	S	K	A	X	U	W	E	M
C	T	T	Z	H	J	Q	W	Z	T	A	H	A	S	G	E	J	S	W	F

Solution on page 137

AUTHOR
BIRDS
BROADCAST
CELEBRITY
CELL PHONE
CHARACTERS
COMMUNICATION
COMPUTER
CONTACT
FACEBOOK
FAIL WHALE
FOLLOWING
FREE
FRIENDS
INFORMATION
INSTANT
INTERNET
IPHONE
JACK DORSEY
MESSAGING
MICROBLOGGING
MYSPACE
NEWS
ONLINE
PEOPLE
POPULAR
POSTS
PROFILE
RETWEET
SEND
SHARE
SHORT
SLANG
SOCIAL MEDIA
SOCIAL NETWORKING
SPAM
STATUS
TALK
TECHNOLOGY
TEXT
TWEETS
UPDATES
WEBSITE
WORLDWIDE
WRITING

Puzzle 1.17: Twitter

X	V	F	G	N	I	T	I	R	W	A	U	T	H	O	R	Y	E	P	T
Q	F	O	L	L	O	W	I	N	G	H	P	R	E	N	I	L	N	O	I
S	G	D	S	T	K	I	O	A	Y	P	D	O	P	F	M	K	O	T	B
A	H	N	B	F	S	U	T	Y	I	K	A	H	E	S	N	A	H	F	N
H	C	A	I	Z	V	R	T	A	T	D	T	S	S	T	S	O	P	S	C
F	C	C	R	K	F	I	E	P	M	T	E	N	R	E	T	N	I	S	H
K	R	A	D	E	R	C	I	T	V	R	S	M	H	G	C	E	R	B	O
O	V	I	S	B	V	O	M	I	C	R	O	B	L	O	G	G	I	N	G
O	J	H	E	T	N	Y	W	Y	T	A	X	F	M	A	Y	T	X	E	T
B	R	L	R	N	G	E	F	T	S	Y	R	M	N	G	I	F	R	E	E
E	E	T	W	A	D	N	W	K	E	P	U	A	N	I	P	C	C	N	C
C	T	F	C	T	L	S	I	S	X	N	A	A	H	T	E	V	O	I	H
A	W	A	O	S	L	U	R	G	I	J	L	C	S	C	O	H	M	S	N
F	E	I	N	N	T	O	P	C	A	S	W	A	E	A	P	M	P	T	O
D	E	L	T	I	D	A	A	O	N	S	C	S	I	L	L	S	U	E	L
G	T	W	A	K	Q	T	T	X	P	D	S	S	L	C	E	D	T	E	O
V	W	H	C	B	I	K	Y	U	A	K	E	E	B	H	O	W	E	W	G
I	Y	A	T	O	L	Q	L	O	S	N	C	G	M	F	Q	S	R	T	Y
C	J	L	N	A	W	O	R	L	D	W	I	D	E	L	I	F	O	R	P
N	H	E	T	I	S	B	E	W	J	U	B	X	Q	G	U	V	G	J	E

Solution on page 138

AMERICAN
APPLE TV
CALIFORNIA
COMPANY
COMPUTER SOFTWARE
CORPORATION
CUPERTINO
DESKTOP
DIGITAL DISTRIBUTION
DOWNLOADS
EXPENSIVE
GRAPHICS
IBOOK
ILIFE
IMAC
INTEL
IPHONE
IPOD NANO
IPOD SHUFFLE
IPOD TOUCH
ITUNES
KILLER APP
LAPTOP
LISA
LOGO
MICROSOFT
MUSIC
NEWTON
OPERATING SYSTEM
OS X
PERSONAL COMPUTER
POWERBOOK
PRODUCTS
SAFARI
SILICON VALLEY
SIMPLE
STEVE JOBS
STEVE WOZNIAK
STORES
TECHNOLOGY
TOUCHSCREEN
UNITED STATES
WEBSITE
WHITE
WINDOWS

Puzzle 1.18: Apple

F	C	K	S	G	R	A	P	H	I	C	S	W	S	V	L	K	N	S	D
J	O	O	I	N	P	P	E	O	N	A	N	D	O	P	I	O	T	D	I
X	R	O	M	I	Z	P	V	L	E	Y	S	L	D	L	H	E	G	A	G
K	P	B	P	P	G	L	I	P	W	E	J	I	L	H	V	R	N	O	I
O	O	R	L	O	U	E	S	A	T	L	I	E	L	E	E	E	S	L	T
O	R	E	E	D	B	T	N	W	O	L	R	Y	W	T	E	U	E	N	A
B	A	W	T	S	C	V	E	M	N	A	D	O	U	R	T	N	R	W	L
I	T	O	N	H	U	T	P	R	P	V	Z	P	C	I	I	I	O	O	D
P	I	P	I	U	P	B	X	P	S	N	M	S	A	T	S	T	T	D	I
O	O	O	S	F	E	S	E	M	I	O	H	E	M	U	B	E	S	D	S
D	N	T	A	F	R	M	U	A	C	C	F	D	I	N	E	D	X	Y	T
T	Z	P	F	L	T	S	K	L	U	I	M	T	E	E	W	S	U	J	R
O	X	A	A	E	I	J	A	O	L	L	T	I	W	S	O	T	G	E	I
U	I	L	R	C	N	N	T	I	V	I	K	K	C	A	K	A	J	N	B
C	A	L	I	F	O	R	N	I	A	S	N	H	H	R	R	T	X	O	U
H	M	E	T	S	Y	S	G	N	I	T	A	R	E	P	O	E	O	H	T
A	M	E	R	I	C	A	N	S	T	E	V	E	J	O	B	S	V	P	I
M	T	E	C	H	N	O	L	O	G	Y	N	A	P	M	O	C	O	I	O
U	P	R	O	D	U	C	T	S	W	O	D	N	I	W	R	N	N	F	N
Y	V	Q	N	E	T	I	H	W	T	I	I	E	H	Z	O	Z	A	G	T

Solution on page 139

AGGRESSIVE
APEX PREDATOR
BINOCULAR VISION
BIPEDAL
BIRDS
BONES
CARNIVORE
CRETACEOUS PERIOD
DEATH
DINOSAURS
EVOLUTION
EXTINCTION
FAST
FEARSOME
FOOTPRINT
FOSSILS
GIANT
GREEN
HISTORY
HUGE
HUNTER
JURASSIC PARK
KING
LARGEST
LIZARD
MASSIVE
MEAT
MONTANA
MUSEUM
NORTH AMERICA
PALEONTOLOGY
POWERFUL
PREHISTORIC
REPTILE
RUNNING
SCAVENGER
SCIENCE
SIZE
SKELETON
TAIL
TALL
TEETH
THEROPOD
UPRIGHT

Puzzle 1.19: Dinosaurs

J	R	M	U	S	E	U	M	B	X	K	E	L	I	T	P	E	R	P	E
I	F	I	D	W	L	V	W	G	I	A	N	T	T	S	A	F	L	V	B
N	G	D	C	O	H	I	S	T	O	R	Y	T	A	E	M	K	I	N	G
E	R	M	N	I	I	O	S	I	S	E	D	F	Z	G	I	S	Z	K	U
N	E	C	O	P	R	R	J	S	N	G	B	S	K	R	S	N	A	H	U
A	E	O	I	D	Z	O	E	R	O	V	I	N	R	A	C	A	R	U	S
V	N	H	T	A	E	D	T	P	I	F	D	N	M	L	S	G	D	N	F
S	O	T	U	J	U	R	A	S	S	I	C	P	A	R	K	G	W	T	X
H	R	E	L	G	X	T	S	J	I	U	I	O	K	M	F	R	D	E	K
T	T	E	O	C	E	N	C	R	V	H	O	W	Z	O	U	E	I	R	A
S	H	T	V	L	I	I	I	D	R	J	E	E	U	N	N	S	N	E	P
B	A	P	E	X	P	R	E	D	A	T	O	R	C	T	O	S	O	G	A
Z	M	W	U	A	S	P	N	L	L	A	T	F	P	A	I	I	S	N	H
A	E	V	E	V	K	T	C	I	U	O	N	U	H	N	T	V	A	E	R
V	R	Z	Q	S	E	O	E	Q	C	V	M	L	P	A	C	E	U	V	O
O	I	Y	G	O	L	O	T	N	O	E	L	A	P	R	N	M	R	A	I
S	C	M	O	C	E	F	S	T	N	L	A	D	E	P	I	B	S	C	I
H	A	L	I	A	T	B	G	N	I	N	N	U	R	D	T	G	K	S	I
G	T	H	E	R	O	P	O	D	B	K	M	Q	D	H	X	L	H	Y	A
O	M	D	S	E	N	O	B	F	E	A	R	S	O	M	E	M	N	T	V

Solution on page 140

Chapter 2

Puzzle Level 2

ADVENTURE
ANIMATED
BOWSER
BROTHERS
CASTLE
CHARACTER
COINS
DONKEY KONG
FICTIONAL
FIREBALL
GALAXY
GOOMBA
HAT
HERO
ITALIAN
JUMPING
KING KOOPA
LEVELS
MARIO KART
MARIO PARTY
MASCOT
MOVIE
MUSHROOM KINGDOM
MUSTACHE
NINTENDO
OVERALLS
PLUMBER
POPULAR
PRINCESS PEACH
PRINCESS TOADSTOOL
PUZZLE
RACING
RESCUE
RUN
SHORT
SONIC
SPORTS
STARS
SUPER MARIO BROS
VIDEO GAMES
WALUIGI
YOSHI

Puzzle 2.01: Mario

W	B	H	M	A	S	C	O	T	X	S	K	N	G	P	U	Z	Z	L	E
V	S	S	M	G	J	U	M	P	I	N	G	O	O	M	B	A	O	T	Y
Z	C	N	H	O	U	M	P	T	S	U	O	R	E	H	Y	O	B	B	B
E	Q	J	I	O	V	M	M	E	H	A	D	V	E	N	T	U	R	E	U
H	P	A	F	O	R	I	A	L	R	C	I	N	O	S	C	P	O	T	I
C	H	A	R	A	C	T	E	R	A	M	F	A	D	J	C	L	T	Z	J
A	T	S	A	D	J	N	O	F	I	N	A	A	S	P	R	U	H	G	T
T	O	M	O	D	G	N	I	K	M	O	O	R	H	S	U	M	E	H	T
S	V	Z	X	A	C	R	U	A	S	T	P	I	I	V	N	B	R	C	E
U	E	J	Y	A	E	S	R	L	S	D	N	A	T	O	U	E	S	A	R
M	R	A	S	B	P	I	H	S	E	Q	I	A	R	C	B	R	K	E	K
S	A	T	A	O	O	M	E	T	M	O	N	P	O	T	I	R	F	P	G
L	L	L	R	K	D	C	A	I	A	B	T	O	C	E	Y	F	O	S	M
E	L	T	A	P	N	M	Y	I	G	R	E	O	V	S	T	A	R	S	Y
V	S	R	K	I	I	Z	X	G	O	Q	N	K	L	B	O	W	S	E	R
E	T	D	R	N	P	H	A	I	E	G	D	G	X	O	K	I	B	C	N
L	T	P	A	P	N	A	L	U	D	D	O	N	K	E	Y	K	O	N	G
O	S	Y	F	C	I	T	A	L	I	A	N	I	R	Y	O	S	H	I	F
B	H	R	A	C	I	N	G	A	V	V	Y	K	A	H	W	G	F	R	T
L	R	M	Q	T	W	T	I	W	G	U	A	R	A	L	U	P	O	P	G

Solution on page 141

ACCENT
ACTION
AMERICAN
AUSTRIAN
BARBARIAN
BIG
BODYBUILDING
BUSINESSMAN
CALIFORNIA
CAREER
CELEBRITY
CONAN
FAMILY
FAMOUS
FILM
GERMAN
GOVERNATOR
HERCULES
IMMIGRANT
JUNIOR
KENNEDY
KINDERGARTEN COP
MARIA SHRIVER
MODEL
MOVIE STAR
MR OLYMPIA
MR UNIVERSE
MUSCLES
PLANET HOLLYWOOD
POLITICS
PREDATOR
PUMPING IRON
REPUBLICAN
RUNNING MAN
STEROIDS
STRONGMAN
THE TERMINATOR
THEATER
TOTAL RECALL
TRUE LIES
TWINS

Puzzle 2.02: Arnold Schwarzenegger

M	I	M	G	N	A	C	I	L	B	U	P	E	R	O	I	N	U	J	T
U	N	A	E	A	A	X	Z	R	U	N	N	I	N	G	M	A	N	J	U
S	V	A	X	N	M	V	T	E	S	R	E	V	I	N	U	R	M	E	Y
C	L	S	M	E	O	N	O	R	I	G	N	I	P	M	U	P	T	P	P
L	T	Y	N	R	D	A	T	M	N	G	G	M	L	I	F	H	O	R	K
E	N	L	A	T	E	M	A	R	E	J	O	X	A	S	E	C	E	A	E
S	E	I	D	P	L	G	L	O	S	U	N	V	N	T	N	V	I	E	N
E	C	M	O	W	M	N	R	L	S	E	K	S	E	E	I	Y	P	U	N
L	C	A	A	Y	O	O	E	Y	M	G	S	R	T	R	Q	U	O	X	E
U	A	F	R	I	V	R	C	M	A	P	M	R	H	O	N	E	L	Q	D
C	U	W	G	E	I	T	A	P	N	I	A	S	O	I	T	A	I	Q	Y
R	S	C	Y	D	E	S	L	I	N	G	A	N	L	D	N	T	T	N	T
E	T	A	O	T	S	R	L	A	R	I	A	I	L	S	A	S	I	O	I
H	R	M	O	N	T	M	T	E	R	I	F	W	Y	V	R	E	C	I	R
B	I	E	J	L	A	O	D	A	R	P	J	T	W	G	G	I	S	T	B
I	A	R	Z	E	R	N	M	A	A	I	N	R	O	F	I	L	A	C	E
G	N	I	D	L	I	U	B	Y	D	O	B	C	O	L	M	E	O	A	L
R	L	C	I	K	P	R	E	D	A	T	O	R	D	F	M	U	X	Q	E
V	B	A	Q	F	A	M	O	U	S	G	A	E	O	L	I	R	J	W	C
D	M	N	M	B	I	V	V	C	M	D	O	T	H	E	A	T	E	R	U

Solution on page 142

ACADEMY AWARD
ADVENTURE
AMERICAN GRAFFITI
AWARDS
BILLIONAIRE
BLOCKBUSTER
CALIFORNIA
CAMERA
CAREER
CINEMA
CLONES
CREATIVE
DIRECTOR
ENTERTAINMENT
EPIC
FANS
FILMMAKER
FOUNDATION
FRANCHISE
GRAPHICS
HOLLYWOOD
INDEPENDENT
INDIANA JONES
LUCASFILM
MODESTO
MOVIES
PIXAR
PREQUEL
PRODUCER
RETURN OF THE JEDI
RICH
SCIENCE FICTION
SCREENWRITER
SERIES
SKYWALKER
SOUND
SPACE
SPECIAL EFFECTS
STAR WARS
STEVEN SPIELBERG
SUCCESSFUL
THE FORCE
USC

Puzzle 2.03: George Lucas

D	C	F	R	E	T	S	U	B	K	C	O	L	B	K	S	S	C	N	N
D	A	I	N	R	O	F	I	L	A	C	I	P	E	W	D	A	U	G	W
O	R	L	H	I	G	R	E	B	L	E	I	P	S	N	E	V	E	T	S
O	E	M	C	A	E	F	K	E	R	U	T	N	E	V	D	A	E	R	T
W	M	M	I	N	T	G	R	A	P	H	I	C	S	K	L	P	N	S	C
Y	A	A	R	O	T	C	E	R	I	D	F	Q	E	D	E	F	T	C	E
L	C	K	F	I	D	E	J	E	H	T	F	O	N	R	U	T	E	R	F
L	R	E	K	L	A	W	Y	K	S	R	A	L	O	H	Q	N	R	E	F
O	U	R	C	L	S	T	A	R	W	A	R	S	J	T	E	E	T	E	E
H	Y	F	X	I	C	J	E	K	F	K	G	E	A	H	R	D	A	N	L
G	C	I	S	B	N	S	O	O	U	S	N	V	N	E	P	N	I	W	A
M	L	I	F	S	A	C	U	L	G	E	A	I	A	F	R	E	N	R	I
S	O	S	C	I	E	N	C	E	F	I	C	T	I	O	N	P	M	I	C
E	N	Z	R	P	D	C	S	C	R	V	I	A	D	R	O	E	E	T	E
R	E	E	R	A	C	P	C	J	A	O	R	E	N	C	T	D	N	E	P
I	S	P	T	R	A	S	I	U	X	M	E	R	I	E	S	N	T	R	S
E	S	I	H	C	N	A	R	F	S	U	M	C	W	K	E	I	W	Q	S
S	O	X	E	A	C	A	D	E	M	Y	A	W	A	R	D	S	E	G	W
N	B	A	F	P	C	P	R	O	D	U	C	E	R	S	O	U	N	D	E
U	R	R	H	X	B	T	U	X	C	I	D	U	L	A	M	E	N	I	C

Solution on page 143

AIR
ASTEROIDS
ASTRONOMY
ATMOSPHERE
BELT
BOLIDE
BOULDER
COMETS
CRATERS
DEBRIS
DUST
EARTH
FALLING STAR
FAST
FIREBALL
HIGH
HOT
IMPACT
IONIZATION TRAIL
MESOSPHERE
METEOR SHOWER
MICROMETEOROIDS
MOON
NASA
ORBIT
PARTICLE
PEEKSKILL
PLANETS
ROCK
SAND
SHOOTING STAR
SHOWERS
SKY
SMALL
SOLAR SYSTEM
SOUND
SPACE
SPEED
STARS
STREAK
SUN
TAIL
TEKTITE
TRAJECTORY

Puzzle 2.04: Meteors

J	L	F	E	Q	S	I	R	B	E	D	X	T	B	I	I	B	E	L	T
H	G	I	H	O	T	R	A	A	D	C	P	E	Y	J	O	S	O	E	M
U	M	G	A	X	O	U	E	G	I	H	A	I	S	U	K	M	A	P	H
Q	R	J	U	R	F	M	T	W	L	V	Q	P	L	T	Y	K	S	N	N
L	H	E	A	R	T	A	W	I	O	C	P	D	S	E	E	T	A	M	D
E	Q	X	W	S	O	N	L	V	B	H	E	Y	T	K	X	M	N	P	J
Q	S	N	L	O	R	S	O	L	A	R	S	Y	S	T	E	M	O	T	K
L	I	K	I	U	H	A	P	I	I	A	O	K	H	I	G	I	O	C	T
C	L	A	A	N	V	S	T	X	T	N	S	C	A	T	W	Y	M	A	N
P	P	A	T	D	M	F	R	S	C	A	G	T	K	E	R	E	Q	P	M
C	Q	M	B	S	N	M	S	O	G	P	Z	S	R	O	R	A	T	M	E
D	Y	F	Y	E	U	S	N	L	E	N	H	I	T	O	E	T	E	I	S
C	E	M	P	A	R	D	L	A	B	T	I	C	N	A	N	H	S	H	O
I	R	E	J	H	M	I	C	R	O	M	E	T	E	O	R	O	I	D	S
D	Z	A	P	D	K	O	F	Z	V	J	N	M	O	R	I	A	M	M	P
Z	Z	T	T	S	R	R	T	X	A	Q	C	U	C	O	X	F	S	Y	H
U	V	G	K	E	D	E	H	R	A	T	M	O	S	P	H	E	R	E	E
U	L	E	H	E	R	T	T	W	I	P	L	A	N	E	T	S	A	F	R
M	E	I	F	Q	T	S	S	T	I	W	J	P	A	R	T	I	C	L	E
P	B	N	H	L	L	A	M	S	T	A	R	S	G	X	U	E	J	A	W

Solution on page 144

APPLICATIONS
BLOGGING
BROADBAND
BROWSERS
COMMUNICATION
COMPUTER
DIAL UP
DOWNLOADS
DSL
FACEBOOK
FIREFOX
FORUMS
GAMES
GLOBAL
GOOGLE
HTTP
HYPERLINKS
HYPERTEXT
INFORMATION
INSTANT MESSAGING
INTERNET EXPLORER
IP ADDRESS
MOVIES
NEWS
ONLINE
PAGES
RESEARCH
ROUTER
SHOPPING
SOCIAL NETWORKING
SOFTWARE
STREAMING
SURFING
TECHNOLOGY
TWITTER
UPLOAD
VIDEOS
WEATHER
WEB PAGE
WEB SERVER
WIKIPEDIA
WIRELESS
WORLD WIDE WEB
YAHOO
YOUTUBE

Puzzle 2.05: Internet

I	S	H	S	C	E	K	T	W	I	T	T	E	R	E	T	U	O	R	V
F	S	G	G	B	O	N	L	I	N	E	F	G	S	N	G	J	I	N	J
A	E	L	N	H	U	M	E	S	T	E	C	H	N	O	L	O	G	Y	F
C	L	A	I	I	B	V	M	W	E	B	S	E	R	V	E	R	R	W	P
E	E	B	M	F	G	U	T	U	R	I	S	W	E	B	P	A	G	E	E
B	R	O	A	D	B	A	N	D	N	R	V	X	J	S	C	C	N	A	L
O	I	L	E	A	Y	E	S	T	E	I	O	O	X	H	D	X	I	T	E
O	W	G	R	F	W	Z	X	S	T	F	C	R	M	O	O	S	K	H	B
K	M	W	T	S	V	E	W	S	E	J	P	A	Y	P	W	U	R	E	U
S	L	I	S	L	T	O	O	R	X	M	A	N	T	P	N	R	O	R	T
E	D	K	W	R	R	E	I	B	P	O	T	H	T	I	L	F	W	S	U
M	I	I	E	B	D	F	C	U	L	P	Y	N	O	N	O	I	T	M	O
A	P	P	L	I	C	A	T	I	O	N	S	D	A	G	A	N	E	U	Y
G	Y	E	V	S	K	N	I	L	R	E	P	Y	H	T	D	G	N	R	G
H	D	D	C	O	M	P	U	T	E	R	X	C	N	D	S	L	L	O	O
T	O	I	O	J	I	N	F	O	R	M	A	T	I	O	N	N	A	F	O
T	O	A	A	E	R	H	M	C	Z	Y	Z	B	L	O	G	G	I	N	G
P	H	F	C	L	S	O	F	T	W	A	R	E	S	E	A	R	C	H	L
D	A	O	L	P	U	T	B	E	W	E	D	I	W	D	L	R	O	W	E
X	Y	S	E	G	A	P	B	C	I	P	A	D	D	R	E	S	S	A	C

Solution on page 145

ACCESSORIES
BATTERY
BUTTONS
CAMERA
CARTRIDGES
CHARGER
COLORS
CONTROLLER
DS LITE
DUAL SCREEN
ELECTRONIC
ENTERTAINMENT
FEATURES
FUN
GAME BOY
GAME CONSOLE
GAMING
GRAPHICS
HANDHELD
HEADPHONES
JAPANESE
LIGHT
MARIO BROS
MICROPHONE
MULTIPLAYER
NEW
NINTENDO
PERSONAL
PICTOCHAT
PORTABLE
RECHARGEABLE
RELEASE
SCREENS
SMALL
SOFTWARE
STYLUS
TOUCHSCREEN
VIDEO GAMES
WIFI
WIRELESS

Puzzle 2.06: Nintendo DS

E	S	J	Y	R	E	T	T	A	B	V	I	D	E	O	G	A	M	E	S
S	Y	Z	E	L	O	S	N	O	C	E	M	A	G	Y	J	U	U	P	C
O	R	H	A	N	D	H	E	L	D	C	R	T	F	T	C	L	L	L	I
S	T	O	U	G	N	I	M	A	G	E	E	O	M	O	Z	K	T	L	H
A	X	E	L	S	D	X	N	Y	C	C	D	S	L	I	T	E	I	H	P
J	C	C	S	O	Y	U	I	H	Y	A	O	V	S	B	N	G	P	S	A
C	M	N	Q	A	C	H	A	R	G	E	R	N	R	O	H	G	L	U	R
L	A	X	I	K	E	R	T	L	T	M	E	O	T	T	R	G	A	L	G
T	W	M	H	N	G	L	R	S	S	I	F	I	W	R	S	I	Y	Y	E
V	G	C	E	E	T	N	E	E	R	C	S	H	C	U	O	T	E	T	L
I	Q	E	A	R	O	E	T	R	Y	R	R	G	J	F	F	L	R	S	E
E	E	B	D	R	A	M	N	S	W	O	W	E	N	Z	T	R	L	F	C
S	L	N	P	K	T	A	E	D	T	P	B	P	E	T	W	L	G	E	T
E	B	I	H	R	Y	R	J	B	O	H	E	E	T	N	A	T	H	A	R
N	A	O	O	R	C	I	I	R	D	O	S	R	M	M	R	N	N	T	O
A	T	Q	N	H	X	O	S	D	H	N	X	S	S	A	E	Z	I	U	N
P	R	L	E	U	R	B	B	K	G	E	H	O	Z	F	G	V	C	R	I
A	O	Q	S	K	F	R	F	E	O	E	S	N	O	T	T	U	B	E	C
J	P	T	A	H	C	O	T	C	I	P	S	A	E	O	K	O	Y	S	W
S	C	R	E	E	N	S	S	U	S	S	E	L	E	R	I	W	V	V	H

Solution on page 146

ADVENTURE
BATTLE
BILBO BAGGINS
CARNEGIE MEDAL
CHILDRENS BOOK
CLASSIC
CREATURES
DANGER
DRAGONS
DWARVES
ELVES
FAIRY TALES
FANTASY
FEET
FICTION
FRIENDS
GANDALF
GOBLINS
GOLLUM
HERO
HOBBITS
J R R TOLKIEN
JOURNEY
LONELY MOUNTAIN
LORD OF THE RINGS
MAGICAL
MIDDLE EARTH
MISTY MOUNTAINS
MOVIE
NOVEL
OGRES
QUEST
RIVENDELL
SECRET DOOR
SHORT
SMAUG
STORY
THE SHIRE
TREASURE
TROLLS
UNITED KINGDOM
WIZARD

Puzzle 2.07: The Hobbit

W	N	V	M	E	T	I	A	D	V	E	N	T	U	R	E	E	D	Z	L
G	O	B	L	I	N	S	V	A	T	R	E	A	S	U	R	E	C	L	I
T	A	V	C	B	D	C	H	H	F	R	I	E	N	D	S	R	E	N	M
Z	E	Y	S	I	T	D	H	O	E	Z	K	K	M	X	E	D	P	C	F
S	R	L	N	R	S	P	L	I	R	R	L	E	G	A	N	D	A	L	F
D	P	E	O	U	L	S	F	E	L	T	O	M	T	E	T	S	E	U	Q
D	W	L	G	N	M	G	A	N	E	D	T	U	V	G	Y	N	S	N	Y
N	L	A	A	N	E	X	I	L	G	A	R	I	C	S	R	I	N	F	I
S	H	R	R	D	A	L	R	V	C	E	R	E	A	I	O	G	I	V	L
D	I	O	D	V	B	D	Y	S	S	S	J	T	N	Y	T	G	A	V	O
O	G	O	B	A	E	R	T	M	M	A	N	U	H	S	S	A	T	H	G
T	O	D	T	B	R	S	A	L	O	A	V	G	D	A	B	B	N	Q	R
K	L	T	W	Y	I	B	L	E	F	U	U	S	E	R	G	O	U	A	Y
X	L	E	U	N	I	T	E	D	K	I	N	G	D	O	M	B	O	Z	P
E	U	R	E	R	I	H	S	E	H	T	I	T	R	M	X	L	M	K	H
I	M	C	A	R	N	E	G	I	E	M	E	D	A	L	I	I	Y	T	F
V	Y	E	N	R	U	O	J	K	C	D	R	A	Z	I	W	B	T	E	M
O	O	S	Z	L	O	R	D	O	F	T	H	E	R	I	N	G	S	E	L
M	M	N	O	Z	F	B	Q	L	E	V	O	N	O	I	T	C	I	F	L
Z	P	J	J	O	M	T	W	U	W	D	L	A	C	I	G	A	M	V	C

Solution on page 147

ADULT SWIM
ANIMATION
BAKUGAN
BATMAN
BOOMERANG
BUGS BUNNY
CABLE TELEVISION
CHANNEL
CHILDREN
CHOWDER
CLONE WARS
COMEDY
COURAGE
DEXTERS LABORATORY
ENTERTAINMENT
FLAPJACK
FLINTSTONES
GAMES
JOHNNY BRAVO
JOHNNY TEST
KIDS
LOONEY TUNES
MGM
MIGUZI
MOVIES
NARUTO
NETWORK
PROGRAMMING
RERUNS
RHAPSODY RABBIT
ROBOT CHICKEN
SCHEDULE
SCOOBY DOO
SHOWS
SPACE GHOST
STAR WARS
TED TURNER
TEEN TITANS
THE JETSONS
THE POWERPUFF GIRLS
TIME WARNER
TOM AND JERRY
TOONAMI
TURNER BROADCASTING
YOUTH

Puzzle 2.08: Cartoon Network

N	R	E	N	R	U	T	D	E	T	J	P	T	O	O	N	A	M	I	I
A	P	T	R	E	N	J	C	B	N	R	S	R	A	W	E	N	O	L	C
R	A	H	O	N	O	D	O	X	O	A	W	M	K	S	O	T	S	H	T
U	I	E	B	R	I	Z	U	G	I	M	M	C	G	I	O	W	L	U	N
T	Z	J	O	A	T	S	R	A	W	R	A	T	S	M	P	R	R	S	E
O	J	E	T	W	A	A	A	J	Y	J	L	I	A	X	T	N	I	Y	M
B	T	T	C	E	M	W	G	S	P	O	V	N	Y	B	E	O	G	J	N
S	S	S	H	M	I	P	E	A	O	E	D	N	N	R	E	O	F	O	I
W	O	O	I	I	N	M	L	N	L	J	N	E	B	T	N	D	F	H	A
O	H	N	C	T	A	F	E	E	E	U	R	R	I	B	T	Y	U	N	T
H	G	S	K	G	I	Y	T	R	B	D	O	E	D	R	I	B	P	N	R
S	E	D	E	X	T	E	R	S	L	A	B	O	R	A	T	O	R	Y	E
E	C	I	N	U	L	Y	G	I	D	X	A	I	A	U	A	O	E	B	T
I	A	K	N	B	C	U	H	C	H	O	W	D	E	R	N	C	W	R	N
V	P	E	A	O	B	C	A	E	L	U	D	E	H	C	S	S	O	A	E
O	S	C	M	D	T	S	E	T	Y	N	N	H	O	J	G	P	P	V	T
M	S	E	N	O	T	S	T	N	I	L	F	H	T	U	O	Y	E	O	W
Q	D	O	M	I	W	S	T	L	U	D	A	L	E	N	N	A	H	C	O
Y	X	N	N	R	H	A	P	S	O	D	Y	R	A	B	B	I	T	Y	R
A	D	G	N	A	R	E	M	O	O	B	A	K	U	G	A	N	O	F	K

Solution on page 148

ACTING
ALBUM
AUTHOR
BARBARY COAST
BEAM ME UP
BOSTON LEGAL
CANADIAN
CAPTAIN KIRK
CHARACTER
COMEDIAN
COMMERCIALS
DENNY CRANE
EMMY AWARD
ENTERTAINMENT
FAMOUS
FILM
FRONTIER
FUNNY
FUTURE
GOLDEN GLOBE
HOLLYWOOD
HORSES
ICON
IMPULSE
JAMES T KIRK
LEONARD NIMOY
MISS CONGENIALITY
MOVIES
NEGOTIATOR
NOVELIST
PITCHMAN
PRICELINE
PRODUCER
RAW NERVE
SCIENCE FICTION
SPACE
SPOKESMAN
STAR TREK
TEKWAR
TELEVISION
THE PRACTICE
TJ HOOKER
TWILIGHT ZONE
USS ENTERPRISE
VOICE

Puzzle 2.09: William Shatner

T	T	R	O	T	A	I	T	O	G	E	N	T	J	H	O	O	K	E	R
E	Q	C	A	N	A	D	I	A	N	A	I	D	E	M	O	C	B	N	E
N	O	E	N	O	Z	T	H	G	I	L	I	W	T	E	K	W	A	R	I
D	A	B	O	S	T	O	N	L	E	G	A	L	B	U	M	A	Z	Y	T
O	E	M	Y	M	U	I	L	E	O	N	A	R	D	N	I	M	O	Y	N
O	M	N	H	H	T	C	O	M	M	E	R	C	I	A	L	S	L	I	O
W	M	N	N	C	A	P	T	A	I	N	K	I	R	K	N	O	C	I	R
Y	Y	O	A	Y	T	Q	Y	U	K	R	I	K	T	S	E	M	A	J	F
L	A	I	T	F	C	I	D	S	U	O	M	A	F	B	R	I	F	T	M
L	W	T	E	H	R	R	P	S	P	A	C	E	T	A	D	J	E	T	N
O	A	C	L	W	G	N	A	E	R	A	W	N	E	R	V	E	H	H	O
H	R	I	E	B	O	L	G	N	E	D	L	O	G	B	E	E	F	O	V
M	D	F	V	S	Z	K	O	T	E	E	R	E	V	A	P	T	U	R	E
O	F	E	I	P	R	I	C	E	L	I	N	E	V	R	H	L	N	S	L
V	U	C	S	T	A	R	T	R	E	K	X	O	A	Y	H	W	N	E	I
I	T	N	I	E	S	L	U	P	M	I	I	C	C	C	X	T	Y	S	S
E	U	E	O	Q	C	H	A	R	A	C	T	E	R	O	H	T	U	A	T
S	R	I	N	K	Z	N	I	I	E	I	Q	B	E	A	M	M	E	U	P
R	E	C	U	D	O	R	P	S	C	A	N	A	M	S	E	K	O	P	S
M	I	S	S	C	O	N	G	E	N	I	A	L	I	T	Y	E	H	Y	E

Solution on page 149

ACCOUNT
BROADCAST YOURSELF
CAMERA
CELEBRITIES
CHANNELS
COMMUNICATION
COMPUTER
CONTENT
COPYRIGHT
CREATIVE
DANCING
DOWNLOAD
ENTERTAINMENT
FLASH
FREE
FUN
GOOGLE
INTERNET
MEDIA
MOVIE CLIPS
MUSIC VIDEOS
NEWS
ONLINE
PEOPLE
PERSONAL
PLAY
PUBLIC
RANDOM
SHOWS
SOCIAL
SONGS
STREAMING
TECHNOLOGY
TELEVISION
UPLOADING
USER GENERATED
VIDEO BLOGGING
VIDEO SHARING
VIEWS
VIRAL
WATCH
WEBSITE
WORLDWIDE

Puzzle 2.10: YouTube

D	B	B	H	D	B	K	N	X	L	B	Z	I	Q	Q	S	Y	J	Q	V
O	R	O	S	H	O	W	S	P	I	L	C	E	I	V	O	M	D	V	Q
W	O	R	L	D	W	I	D	E	E	V	W	L	I	O	T	M	F	X	P
N	A	R	E	M	A	C	Q	O	I	U	A	D	M	N	C	E	F	X	R
L	D	E	T	A	R	E	N	E	G	R	E	S	U	L	M	D	M	C	M
O	C	T	H	C	T	A	W	W	I	O	Z	O	S	I	A	I	E	M	J
A	A	U	S	T	D	S	Y	V	B	S	C	E	I	N	M	A	T	A	P
D	S	P	F	O	H	C	Q	L	O	C	I	T	C	E	Y	K	I	N	C
M	T	M	S	F	N	G	O	C	A	T	N	I	V	F	G	D	S	V	T
X	Y	O	L	D	L	G	I	M	I	E	N	O	I	R	O	U	B	N	N
Q	O	C	E	B	G	A	S	R	M	G	U	H	D	A	L	R	E	Y	F
F	U	M	N	I	L	Z	B	N	Y	U	F	G	E	N	O	T	W	G	Q
Y	R	X	N	N	T	E	I	E	B	P	N	D	O	D	N	N	S	E	S
M	S	G	A	T	L	A	A	W	H	I	O	I	S	O	H	X	F	L	C
P	E	G	H	E	T	N	E	S	D	K	Y	C	C	M	C	R	F	G	I
W	L	X	C	R	C	R	E	A	T	I	V	E	A	A	E	V	Y	O	L
R	F	A	E	N	J	N	O	I	S	I	V	E	L	E	T	D	G	O	B
V	L	T	Y	E	F	L	A	S	H	S	T	R	E	A	M	I	N	G	U
A	N	K	I	T	P	E	R	S	O	N	A	L	A	E	L	P	O	E	P
E	Z	U	V	U	K	D	U	V	I	D	E	O	S	H	A	R	I	N	G

Solution on page 150

APERTURE
BLACK AND WHITE
CAMERAS
CAPTURE
CINEMASCOPE
DEVELOPMENT
EASTMAN
EXPOSURES
FILM GAUGE
FRAMES
FUJIFILM
GRAIN
IMAGES
KODACHROME
LENS
LIGHT
MANUAL
MEDIA
MOTION PICTURES
MOVIES
NEGATIVES
OBSOLETE
OLD
PERFORATION
PHOTOGRAPHY
PRINTS
PROJECTORS
ROLL
SHOOT
SILVER
SIZE
STANDARD
STILL CAMERA
STRIP
TECHNICOLOR
THEATER
THOMAS EDISON
VISION
WIDESCREEN

Puzzle 2.11: 35mm Film

B	B	P	T	I	O	S	E	T	E	L	O	S	B	O	C	T	U	H	I
K	S	L	J	D	E	V	E	L	O	P	M	E	N	T	K	T	P	M	M
T	H	E	A	T	E	R	T	A	C	S	A	R	E	M	A	C	R	J	A
V	U	U	O	C	D	K	W	U	E	E	G	U	A	G	M	L	I	F	G
M	J	O	R	Y	K	Y	M	N	C	A	P	T	U	R	E	N	N	O	E
I	H	G	H	H	F	A	L	A	K	F	G	C	C	U	W	E	T	C	S
S	X	Q	R	P	S	L	N	M	E	S	E	I	V	O	M	G	S	R	T
D	A	A	O	A	O	T	Z	D	K	X	N	P	F	H	F	A	O	E	A
N	I	A	L	R	I	S	I	I	W	E	P	N	L	U	A	T	O	V	N
J	I	L	O	G	P	N	P	L	M	H	O	O	J	J	C	I	N	L	D
E	Z	B	C	O	E	E	E	A	L	S	I	I	S	E	N	V	E	I	A
Q	P	X	I	T	R	L	S	I	I	C	F	T	J	U	M	E	E	S	R
K	T	M	N	O	F	C	S	D	Q	I	A	O	E	E	R	S	R	T	D
P	O	D	H	H	O	S	E	P	L	C	R	M	D	X	Q	E	C	Q	X
W	I	G	C	P	R	S	M	M	Y	P	B	I	E	D	F	C	S	H	Z
U	L	R	E	Y	A	P	A	K	O	D	A	C	H	R	O	M	E	S	F
Q	I	X	T	M	T	E	R	E	R	U	T	R	E	P	A	Q	D	R	Z
R	G	C	O	S	I	Z	F	Y	G	J	N	I	Z	V	I	S	I	O	N
F	H	H	N	Q	O	A	D	N	G	W	U	V	I	W	W	E	W	L	T
K	T	X	N	U	N	A	M	T	S	A	E	A	S	Q	O	K	X	D	C

Solution on page 151

ACCESSORIES
AUDIO
BATTERY
BLACK
BUTTONS
CAR
CHARGER
COLOR
COMPACT
CONNECTIVITY
DESIGN
DIGITAL
DISCS
ELECTRONICS
ENTERTAINMENT
GAME BOY
GAME CONSOLE
GAMING
HANDHELD
HARDWARE
INTERNET
MEDIA
MEMORY STICK
MOBILE
MODEL
MOVIES
MULTIPLAYER
ONLINE
PLAYSTATION
PORTABLE
PSP GO
REMOTE
SLIM
SMALL
SOFTWARE
SONY
SOUND
SYSTEM
TECHNOLOGY
TELEVISION
TRAVEL
VIDEO GAMES
WEB
WIDESCREEN
WIRELESS

Puzzle 2.12: PlayStation Portable

E	Z	E	H	P	W	B	R	H	T	N	L	L	B	L	R	E	I	B	W
H	S	F	A	D	N	A	D	I	G	I	T	A	L	O	K	O	P	L	L
P	O	J	N	O	A	T	S	E	M	A	G	O	E	D	I	V	L	X	A
R	N	L	D	G	T	T	G	N	S	I	M	E	E	V	Z	D	D	O	C
Y	L	E	H	P	F	E	H	T	R	I	L	E	P	K	L	Y	U	C	C
W	I	D	E	S	C	R	E	E	N	E	G	J	C	E	G	S	O	A	E
Z	N	O	L	P	B	Y	C	R	C	P	Y	N	V	O	S	N	V	P	S
C	E	M	D	L	O	L	K	T	L	N	E	A	L	E	N	Q	R	M	S
B	C	H	A	R	G	E	R	A	O	L	R	O	L	E	K	S	O	N	O
S	S	C	S	I	D	O	Y	I	D	T	N	E	C	P	Y	V	O	K	R
W	K	H	I	Q	N	S	S	N	M	H	R	T	R	S	I	T	M	L	I
T	I	C	K	I	T	I	U	M	C	I	I	F	T	E	T	T	P	H	E
H	Q	N	C	A	V	O	U	E	W	V	G	E	S	U	M	F	L	R	S
O	M	S	T	E	S	W	T	N	I	N	M	A	B	J	K	O	A	U	Y
O	B	I	L	E	K	C	I	T	S	Y	R	O	M	E	M	W	T	V	M
D	O	E	L	L	R	V	Y	P	M	O	B	I	L	E	D	E	A	E	R
N	T	U	W	S	G	N	I	M	A	G	H	B	L	R	B	S	D	A	Z
P	O	R	T	A	B	L	E	J	P	W	T	C	A	P	M	O	C	I	I
V	A	N	F	E	R	A	W	T	F	O	S	H	M	W	F	N	Y	F	A
F	K	N	J	U	V	W	R	D	J	A	V	M	S	I	B	Y	Q	O	S

Solution on page 152

ADULT SWIM
AMERICAN
ANIMATION
BABY
BLUE COLLAR
CANCELED
CARTOON
CHARACTERS
CHICKEN
CHRIS
CLEVELAND
COMEDY
CRUDE
DVD
DYSFUNCTIONAL
ENTERTAINMENT
EPISODES
FAMILY
FILM
FOX
FUNNY
GRIFFINS
HUMOR
LIFE
LOIS
MUSIC
OFFENSIVE
PARENTS
PARODY
PETER GRIFFIN
POPULAR
PRIME TIME
QUAGMIRE
QUAHOG
RHODE ISLAND
SATIRE
SERIES
SETH GREEN
SIMPSONS
TALKING DOG
TELEVISION
TV SHOW
VIDEO
VOICE
WIT

Puzzle 2.13: Family Guy

X	T	T	A	L	K	I	N	G	D	O	G	O	H	A	U	Q	C	F	W
U	D	W	T	E	A	P	F	S	N	I	F	F	I	R	G	G	A	D	G
S	T	G	S	D	A	Y	X	I	A	L	G	P	W	H	U	M	O	R	U
E	R	N	C	R	U	D	E	M	L	P	N	E	K	C	I	H	C	B	D
I	W	A	E	R	L	F	C	P	S	R	E	T	J	L	Q	I	K	X	Y
R	I	N	L	M	A	A	H	S	I	I	T	E	Y	U	D	V	D	N	N
E	T	E	J	L	N	V	K	O	E	M	G	R	A	B	A	R	N	K	N
S	A	K	R	C	O	I	A	N	D	E	A	G	C	X	A	U	A	E	Y
F	E	R	E	I	I	C	A	S	O	T	M	R	H	E	F	B	L	V	N
S	W	L	C	G	T	K	E	T	H	I	I	I	A	W	M	P	E	I	E
E	E	E	O	N	C	A	I	U	R	M	W	F	R	U	U	F	V	S	T
D	O	V	O	L	N	H	S	E	L	E	S	F	A	A	I	K	E	N	X
O	W	U	C	Y	U	F	R	I	W	B	T	I	C	L	L	T	L	E	A
S	O	Q	A	Q	F	T	I	I	O	Y	L	N	T	Z	H	U	C	F	O
I	S	O	R	V	S	Q	F	L	S	L	U	I	E	G	W	F	P	F	G
P	F	P	T	I	Y	M	C	O	M	E	D	Y	R	T	V	S	H	O	W
E	T	A	O	D	D	S	U	H	X	M	A	E	S	Y	D	O	R	A	P
Q	S	I	O	E	N	O	I	S	I	V	E	L	E	T	R	P	L	F	R
G	B	H	N	O	I	T	A	M	I	N	A	C	I	R	E	M	A	Z	K
H	S	B	F	X	K	Z	R	N	S	C	Q	D	K	T	W	N	O	G	N

Solution on page 153

COMPANY
COMPUTERS
CPU
CREATIVE
DESIGN
DESKTOP
DIGITAL
EDUCATION
ELECTRONICS
EXPENSIVE
GRAPHICS
GUI
HARDWARE
IMAC
IPAD
IPHONE
IPOD
ITUNES
JEF RASKIN
KEYBOARD
LAPTOPS
MAC OS
MACBOOK PRO
MICROSOFT
MODERN
MONITOR
MOUSE
NOTEBOOK
OPERATING SYSTEM
PERSONAL COMPUTER
POWERBOOK
RELIABLE
SAFARI
SCREEN
SILICON VALLEY
SMART
SNOW LEOPARD
SOFTWARE
STEVE JOBS
TECHNOLOGY
TIGER
UNIQUE
USER INTERFACE
WHITE
WORKSTATION

Puzzle 2.14: Macintosh

Y	G	X	K	S	K	R	T	F	O	S	O	R	C	I	M	A	C	O	S
I	D	I	P	A	D	P	G	N	Y	I	O	N	N	E	T	I	H	W	P
O	W	S	C	R	E	E	N	G	S	L	R	B	O	X	J	F	G	H	U
O	C	C	H	M	O	U	S	E	T	I	P	U	T	P	E	W	P	U	N
P	S	O	H	R	P	A	B	I	I	C	K	S	E	E	F	E	O	L	I
Y	E	T	M	A	E	C	N	C	G	O	O	E	B	N	R	V	T	B	Q
A	N	E	E	P	R	L	O	T	E	N	O	R	O	S	A	I	K	N	U
G	U	C	T	V	A	D	I	F	R	V	B	I	O	I	S	T	S	R	E
W	T	H	S	L	E	N	W	A	K	A	C	N	K	V	K	A	E	A	R
Q	I	N	Y	E	A	J	Y	A	B	L	A	T	S	E	I	E	D	U	A
N	E	O	S	E	O	E	O	S	R	L	M	E	M	H	N	R	P	G	W
L	N	L	G	N	G	U	C	B	C	E	E	R	A	U	E	C	H	L	T
M	M	O	N	O	F	I	C	O	S	Y	B	F	R	Q	U	L	J	N	F
O	L	G	I	H	H	A	M	N	O	I	T	A	T	S	K	R	O	W	O
N	A	Y	T	P	M	P	V	Z	E	L	E	C	T	R	O	N	I	C	S
I	T	E	A	I	U	Z	D	R	A	P	O	E	L	W	O	N	S	I	A
T	I	R	R	T	E	Q	L	D	K	O	K	U	D	I	N	H	N	P	F
O	G	J	E	D	U	C	A	T	I	O	N	R	E	D	O	M	L	O	A
R	I	R	P	O	W	E	R	B	O	O	K	E	Y	B	O	A	R	D	R
I	D	C	O	M	P	U	T	E	R	S	P	O	T	P	A	L	W	V	I

Solution on page 154

ASTRONAUTS
ASTROPHYSICS
BIG
BLACK HOLES
CAMERA
COSMOS
DATA
DEEP SPACE
EDWIN HUBBLE
EXPENSIVE
EXPLORATION
GALAXIES
GRAVITY
IMAGES
INSTRUMENTS
LAUNCH
LENS
LIGHT
LOW EARTH ORBIT
MAGNIFICATION
MARS
MIRRORS
MISSION
MOON
NASA
NEBULA
NIGHT
OBSERVATIONS
OPTICAL
PHOTOGRAPH
PLANETS
REPAIR
RESEARCH
SATELLITE
SCIENTIST
SKY
SOLAR SYSTEM
SPACE SHUTTLE
STARS
SUPERNOVA
TECHNOLOGY
TELESCOPE
UNIVERSE
VIEW

Puzzle 2.15: Hubble Space Telescope

H	Y	L	P	X	C	Y	T	D	P	X	Z	S	O	O	T	V	G	Z	F
S	P	O	X	A	T	Z	S	T	N	E	M	U	R	T	S	N	I	G	A
M	T	W	M	I	O	G	Y	G	O	L	O	N	H	C	E	T	Y	K	S
O	M	E	V	P	I	M	A	G	E	S	E	I	X	A	L	A	G	D	R
O	R	A	N	B	H	O	B	S	E	R	V	A	T	I	O	N	S	Z	O
A	R	R	G	A	J	O	U	H	C	N	U	A	L	B	H	L	W	R	R
G	H	T	E	N	L	N	T	N	O	I	S	S	I	M	K	A	E	S	R
D	P	H	S	S	I	P	S	O	H	S	S	K	U	U	C	C	I	T	I
N	I	O	E	I	E	F	M	R	G	P	O	Y	V	M	A	I	V	U	M
C	H	R	X	X	T	A	I	E	A	R	S	M	H	P	L	T	L	A	E
S	Z	B	P	N	R	N	R	C	X	T	A	E	S	P	B	P	I	N	T
A	N	I	L	S	A	E	E	C	A	P	S	P	R	O	O	O	G	O	S
T	X	T	O	Q	T	S	I	I	H	T	E	N	H	I	C	R	H	R	Y
E	A	R	R	L	H	R	A	I	C	E	I	N	E	U	A	N	T	T	S
L	A	A	A	U	G	E	S	I	D	S	D	O	S	L	T	P	M	S	R
L	D	A	T	A	I	V	E	L	B	B	U	H	N	I	W	D	E	A	A
I	P	T	I	V	N	I	O	S	U	P	E	R	N	O	V	A	D	R	L
T	L	F	O	N	G	N	W	T	E	L	E	S	C	O	P	E	H	E	O
E	J	Z	N	E	B	U	L	A	J	N	G	T	W	G	E	I	B	A	S
W	V	Q	R	Y	S	D	H	L	V	U	D	Y	I	E	P	B	C	C	V

Solution on page 155

ACER
APPLICATIONS
ASUS
ATOM PROCESSOR
BATTERY LIFE
BOOKS
CHEAP
COMPACT
COMPUTER
CONNECTIVITY
DELL
DESKTOP
DEVICES
GAMES
HARD DRIVE
HARDWARE
INEXPENSIVE
INFORMATION
INTERNET
IPAD
KEYBOARD
LAPTOP
LIGHT
LINUX
MAC
MICROSOFT
MINI NOTEBOOK
MOBILE
ONLINE
PERSONAL
POWERFUL
PRICE
PSION
SALE
SMALL SCREEN
SOFTWARE
TABLET
TECHNOLOGY
THIN
TOSHIBA
ULTRAPORTABLE
WEB
WIFI
WINDOWS
WIRELESS

Puzzle 2.16: Netbooks

G	I	T	I	O	O	E	T	H	Y	P	J	S	D	M	O	B	I	L	E
X	I	N	L	A	G	G	D	V	O	O	O	I	S	G	O	N	A	A	F
G	F	G	F	J	B	E	K	W	I	F	I	T	J	E	T	E	E	M	A
W	Y	M	C	O	S	I	E	O	T	E	U	H	O	E	C	V	U	S	N
Y	Z	S	T	K	R	R	H	W	O	L	A	I	R	P	A	I	U	B	W
B	G	E	T	K	F	M	A	S	N	B	C	N	I	E	P	S	V	O	I
R	P	O	F	U	H	R	A	N	O	A	E	U	A	R	M	N	L	E	N
Y	P	G	L	I	E	L	E	T	B	T	R	T	T	S	O	E	U	X	D
Q	V	N	L	O	L	R	Y	T	I	R	N	H	O	O	C	P	L	C	O
U	I	E	I	E	N	Y	A	Z	U	O	H	G	M	N	A	X	H	A	W
P	I	E	D	V	S	H	R	W	D	P	N	I	P	A	I	E	P	N	S
B	L	R	N	A	E	A	C	E	D	A	M	L	R	L	A	N	R	S	M
Y	N	C	O	N	M	R	R	E	T	R	P	O	O	P	D	I	I	I	M
R	Q	S	I	F	A	D	D	V	T	T	A	I	C	H	R	Y	C	M	Z
Z	F	L	S	A	G	D	L	K	A	L	A	H	E	B	A	R	E	V	C
Y	N	L	P	D	V	R	M	M	Z	U	T	B	S	P	O	T	P	A	L
O	G	A	P	P	L	I	C	A	T	I	O	N	S	S	B	O	K	H	I
H	G	M	Y	T	I	V	I	T	C	E	N	N	O	C	Y	E	K	L	N
C	C	S	S	E	L	E	R	I	W	T	P	F	R	E	E	X	W	S	U
B	D	V	X	L	T	T	A	B	L	E	T	G	H	B	K	T	S	H	X

Solution on page 156

ACCIDENT PRONE
AMERICAN
ANIMATED
ARCHIBALD
ARCHIE ANDREWS
BAND
BETTY COOPER
BLONDE
CARTOON
CHARACTERS
CLUMSY
COMIC BOOKS
DATING
DRAWING
FICTIONAL
FORSYTHE
FRIENDS
FUNNY
GANG
GIRLS
GUM
HIGH SCHOOL
HIRAM LODGE
HOT DOG
HUMOR
JUGHEAD
LONG RUNNING
MALT SHOP
MIDGE
MOOSE
MR WEATHERBEE
NEW YORK
NEWSPAPER
POPULAR
PRINCIPAL
RED HAIR
REGGIE MANTLE
RIVERDALE
SABRINA
SPORTS
TEENAGERS
VERONICA LODGE

Puzzle 2.17: Archie Comics

L	W	L	F	I	C	T	I	O	N	A	L	B	L	O	N	D	E	K	A
A	C	X	A	P	H	A	H	I	R	A	M	L	O	D	G	E	O	T	W
P	L	A	R	Z	A	N	S	P	E	Z	U	A	N	I	M	A	T	E	D
I	F	F	P	B	R	I	H	K	S	J	G	W	G	Z	A	T	K	L	A
C	G	N	I	W	A	R	D	A	O	C	W	S	R	P	L	A	R	A	T
N	C	E	P	Z	C	B	H	C	O	O	W	X	U	Q	T	I	O	D	I
I	E	N	E	O	T	A	T	C	M	E	B	B	N	J	S	W	Y	R	N
R	J	W	P	B	E	S	Q	I	R	E	S	C	N	G	H	N	W	E	G
P	A	U	S	T	R	E	G	D	O	L	A	C	I	N	O	R	E	V	D
P	U	M	G	P	S	E	N	E	M	T	D	C	N	M	P	D	N	I	W
L	O	Z	E	H	A	A	H	N	U	N	H	V	G	H	O	D	T	R	R
D	O	P	F	R	E	P	A	T	H	A	O	B	I	W	A	C	N	O	J
R	S	O	U	I	I	A	E	P	A	M	S	G	L	Z	T	X	H	A	H
E	P	E	H	L	U	C	D	R	R	E	P	O	O	C	Y	T	T	E	B
D	O	C	J	C	A	Y	A	O	M	I	W	R	S	G	O	G	L	V	M
H	R	S	T	R	S	R	K	N	N	G	A	R	C	H	I	B	A	L	D
A	T	M	T	M	H	H	C	E	E	G	T	I	M	T	S	R	M	N	C
I	S	O	U	S	R	E	G	A	N	E	E	T	L	Q	Z	K	L	Y	G
R	O	L	N	A	R	B	B	I	F	R	I	E	N	D	S	U	N	S	O
N	C	T	X	M	I	D	G	E	H	T	Y	S	R	O	F	U	N	N	Y

Solution on page 157

CHAPTER 3

Puzzle Level 3

ACTION
ADVENTURES
AMERICAN
ANCIENT
ARCHAEOLOGY
BOOK
BULLWHIP
COVENANT
CRUSADE
CRYSTAL SKULL
DANGER
DISNEYLAND
FEDORA
FICTIONAL CHARACTER
FILM
FRANCHISE
GEORGE LUCAS
HARRISON FORD
HERO
HISTORY
HOLY GRAIL
ICON
INDY
LEATHER JACKET
LOST ARK
MOVIES
MYSTERY
PROFESSOR
RAIDERS
SEAN CONNERY
SERIES
SNAKES
STEVEN SPIELBERG
TEMPLE OF DOOM
TRAVEL
TREASURE HUNTER
VIDEO GAMES

Puzzle 3.01: Indiana Jones

G	E	S	K	I	J	Z	R	S	E	A	N	C	O	N	N	E	R	Y	R
C	S	E	R	U	T	N	E	V	D	A	N	A	C	I	R	E	M	A	F
H	I	R	A	B	Q	F	T	N	A	N	E	V	O	C	T	P	I	E	L
G	H	I	T	U	D	E	C	A	M	Q	N	P	Y	N	U	D	S	E	X
P	C	E	S	Z	R	M	A	R	A	H	A	O	U	S	E	K	A	N	S
N	N	S	O	P	O	Y	R	O	T	S	I	H	I	R	S	T	C	B	K
R	A	U	L	F	F	S	A	D	V	O	E	T	S	T	H	P	U	Z	E
X	R	E	I	K	N	T	H	E	K	R	N	H	E	E	C	L	L	V	N
F	F	L	C	C	O	E	C	F	U	E	K	V	R	W	L	A	E	I	Y
B	M	L	O	U	S	R	L	S	I	L	E	J	O	W	B	R	G	D	F
V	V	U	N	M	I	Y	A	C	B	N	A	S	H	T	X	C	R	E	Y
Q	C	K	W	N	R	E	N	O	S	C	D	I	E	Z	X	H	O	O	C
A	D	S	X	O	R	A	O	P	K	R	P	Y	R	I	O	A	E	G	H
Y	K	L	U	T	A	K	I	E	R	J	B	W	O	S	V	E	G	A	P
B	N	A	O	L	H	E	T	E	M	P	L	E	O	F	D	O	O	M	Q
U	L	T	A	O	L	N	C	Z	H	T	T	R	A	V	E	L	M	E	C
Q	E	S	Q	B	Q	D	I	S	N	E	Y	L	A	N	D	O	Q	S	D
K	T	Y	E	P	R	O	F	E	S	S	O	R	D	R	E	G	N	A	D
I	C	R	U	S	A	D	E	O	T	X	L	I	A	R	G	Y	L	O	H
E	G	C	J	Y	F	P	V	R	X	U	S	F	D	C	R	D	Y	F	C

Solution on page 158

AIR
ALLOTROPES
ALUMINUM
ATOMIC NUMBER
BERYLLIUM
BORON
CARBON
CHEMISTRY
COMPOUND
COPPER
ELECTRONS
EQUATION
EXPERIMENT
GAS
GOLD
HELIUM
HYDROGEN
IRON
ISOTOPES
LAB
LIQUID
LITHIUM
MAGNESIUM
MASS
MATTER
MERCURY
METALS
MOLECULE
NEUTRONS
NITROGEN
NUMBERS
PERIODIC TABLE
PLUTONIUM
PROPERTIES
PROTONS
PURE
RADIOACTIVE
SCIENTIST
SILICON
SILVER
SMALL
SODIUM
SUBSTANCE
SYMBOL
URANIUM

Puzzle 3.02: Chemical Elements

R	N	Z	S	O	M	D	W	Y	E	F	E	A	S	I	L	I	C	O	N
I	S	D	U	E	U	I	F	R	V	L	L	Y	E	K	O	E	S	N	O
F	R	Y	B	R	I	U	K	T	P	U	E	P	P	C	V	M	C	A	R
K	E	M	S	E	N	Q	H	S	M	J	G	C	O	I	K	U	I	S	O
B	B	U	T	P	A	I	E	I	A	M	A	T	T	E	R	I	E	X	B
L	M	I	A	P	R	L	N	M	T	C	S	C	O	R	N	S	N	E	Y
X	U	H	N	O	U	U	R	E	O	M	A	K	S	U	O	E	T	F	Q
P	N	T	C	C	M	D	L	H	M	O	L	U	I	Q	S	N	I	B	Z
W	E	I	E	L	B	A	T	C	I	D	O	I	R	E	P	G	S	N	K
N	G	L	X	I	B	J	K	D	C	H	X	R	P	U	D	A	T	E	R
X	O	R	P	E	H	S	A	S	N	O	T	O	R	P	M	M	R	R	P
M	R	B	E	R	O	R	C	M	U	I	L	E	H	L	U	R	E	I	M
E	T	A	R	D	N	U	O	P	M	O	C	Z	G	U	I	E	Q	F	A
R	I	C	I	A	B	N	L	O	B	M	Y	S	T	T	L	V	U	T	S
C	N	U	M	V	C	V	W	S	E	P	O	R	T	O	L	L	A	M	S
U	M	M	E	P	R	O	P	E	R	T	I	E	S	N	Y	I	T	W	N
R	P	Q	N	E	G	O	R	D	Y	H	I	G	W	I	R	S	I	U	D
Y	M	E	T	A	L	S	O	X	S	N	O	R	T	U	E	N	O	W	D
H	X	X	O	E	X	V	K	Y	Z	L	S	O	O	M	B	K	N	N	M
C	Z	C	M	E	R	L	H	H	D	T	X	D	F	N	W	Y	B	I	C

Solution on page 159

ADOPTED
AMERICAN
APPLE INC
ATARI
BUSINESSMAN
CALIFORNIA
CEO
CHAIRMAN
COMPANY
COMPUTERS
DEVELOPER
ENTREPRENEUR
EXECUTIVE
GARAGE
HEALTH
IMAC
INNOVATIVE
IPAD
IPHONE
IPOD
ITUNES
KEYNOTE
LEADER
LIVER TRANSPLANT
LUCASFILM
MACINTOSH
MACWORLD
MEDIA
MONEY
MUSIC
NERD
NEXT COMPUTER
PANCREATIC CANCER
PIXAR ANIMATION
PRODUCTS
RICH
SAN FRANCISCO
SHAREHOLDER
SILICON VALLEY
SMART
SOFTWARE
STOCK
TECHNOLOGY
WALT DISNEY
WOZ

Puzzle 3.03: Steve Jobs

D	D	I	G	T	K	K	R	K	U	U	Y	N	A	P	M	O	C	W	S
C	A	P	P	L	E	I	N	C	O	M	P	U	T	E	R	S	H	R	P
F	D	S	H	A	R	E	H	O	L	D	E	R	S	J	O	C	A	H	R
A	D	S	A	P	N	Y	E	L	L	A	V	N	O	C	I	L	I	S	E
I	N	T	Y	I	I	C	H	I	M	R	G	K	S	A	T	A	R	I	D
P	B	C	E	R	D	X	R	V	C	A	M	I	Y	E	N	O	M	N	A
I	G	U	N	P	H	E	A	E	X	E	C	U	T	I	V	E	A	E	E
T	N	D	S	C	U	D	M	R	A	N	R	I	Q	A	S	O	N	X	L
N	H	O	I	I	O	G	L	T	A	T	R	A	N	S	E	N	U	T	I
A	N	R	D	P	N	H	I	R	E	N	I	E	W	T	L	O	E	C	M
C	E	P	T	U	T	E	F	A	E	C	I	C	P	T	O	B	X	O	A
I	R	E	L	L	Z	N	S	N	J	T	H	M	C	O	F	S	L	M	C
R	D	D	A	O	A	S	A	S	E	M	O	N	A	A	L	O	H	P	W
E	Q	E	W	S	M	D	C	P	M	N	U	N	O	T	N	E	S	U	O
M	H	I	P	A	D	M	U	L	V	A	O	S	Y	L	I	C	V	T	R
A	I	N	R	O	F	I	L	A	C	D	N	H	I	E	O	O	E	E	L
E	N	T	R	E	P	R	E	N	E	U	R	P	P	C	K	G	N	R	D
G	A	R	A	G	E	V	I	T	A	V	O	N	N	I	S	Z	Y	W	U
N	N	H	S	T	O	C	K	X	K	D	Z	Q	P	B	Q	U	K	M	T
E	Y	X	V	G	V	H	M	J	H	U	S	X	Q	Q	U	K	D	N	E

Solution on page 160

ACTION
AIM
AMMUNITION
ARENA
ATTACK
BATTLE
CAMOUFLAGE
CAPTURE THE FLAG
COLORFUL
COMBAT
COMPETITIVE
COMPRESSED AIR
COURSE
DEFENSE
EXTREME
FIELD
FRIENDS
FUN
GAMES
GEAR
GOGGLES
GUNS
HIDE
HOPPER
HURT
KIDS
LEAGUES
MARKERS
MASKS
OPPONENT
OUTDOORS
OVERSHOOTING
PAINTBALL MARKER
PELLETS
PLAYERS
RAMPING
RUNNING
SPORT
TEAMS
TOURNAMENTS
VEST
VIOLENT
WAR
WIPING
WOODS

Puzzle 3.04: Paintball

O	A	P	U	G	D	E	Q	L	S	B	T	W	K	J	I	D	K	U	G
Y	Y	J	E	E	S	K	K	Q	V	A	A	A	N	E	R	A	W	J	D
F	S	S	V	R	D	D	F	C	D	W	S	T	B	E	R	G	O	I	H
T	M	D	U	Q	N	T	S	D	O	R	N	S	T	M	A	C	P	C	V
P	M	O	I	P	E	X	T	R	E	M	E	U	A	L	O	O	P	A	Y
S	C	O	P	A	I	D	G	Y	N	L	P	S	F	M	E	C	O	M	W
U	D	W	M	I	R	Q	A	N	G	Z	K	E	P	H	E	J	N	O	I
V	E	S	T	N	F	L	C	G	I	S	H	R	T	D	U	E	E	U	U
C	S	D	L	T	P	L	O	B	V	T	E	X	R	I	V	R	N	F	M
I	Y	I	U	B	T	G	H	F	E	S	O	V	P	I	T	O	T	L	A
J	Y	K	F	A	L	O	R	R	S	N	F	O	O	E	I	I	D	A	R
I	L	Y	R	L	V	A	U	E	S	C	S	L	H	T	L	E	V	G	K
I	V	G	O	L	T	T	D	T	L	P	E	K	I	S	F	L	S	E	E
R	E	I	L	M	P	A	R	E	D	N	O	N	C	E	R	E	E	T	R
T	R	E	O	A	I	Z	A	H	T	O	U	R	N	A	M	E	N	T	S
Y	Q	H	C	R	O	G	M	M	O	M	O	S	T	A	T	N	V	W	S
O	G	I	S	K	U	V	P	I	M	T	E	R	G	A	C	T	I	O	N
L	K	D	L	E	I	F	I	A	K	S	W	E	S	W	G	E	A	R	W
P	V	E	S	R	E	G	N	I	P	I	W	U	V	Y	O	O	V	U	F
X	V	O	A	S	N	U	G	N	I	N	N	U	R	E	P	P	O	H	V

Solution on page 161

AASIF MANDVI
ABSURD
CABLE
COLBERT REPORT
COMEDIAN
COMEDY CENTRAL
COMMENTARY
CONTROVERSY
CORRESPONDENTS
CRAIG KILBORN
CURRENT EVENTS
DEMOCRAT
ENTERTAINMENT
FAKE NEWS
FUNNY
GUESTS
HOST
HUMOROUS
INTERVIEWS
JOHN OLIVER
JON STEWART
JOURNALISM
LATE NIGHT
LIBERAL
MOCK
MONOLOGUE
NEW YORK
NEWS PARODY
OBAMA
POLITICS
PRIME TIME
PROGRAM
REPORTERS
REPUBLICAN
ROB RIGGLE
SAMANTHA BEE
SATIRICAL
STEPHEN COLBERT
TALK SHOW
TELEVISION
WIT
WRITERS

Puzzle 3.05: The Daily Show

H	U	M	O	R	O	U	S	C	E	L	O	D	E	M	O	C	R	A	T
A	Z	O	I	B	C	H	H	G	L	A	C	I	R	I	T	A	S	R	O
B	R	N	V	J	J	O	H	N	O	L	I	V	E	R	E	K	A	R	E
S	B	O	D	I	L	S	R	E	T	R	O	P	E	R	L	W	L	J	F
U	C	L	N	L	W	T	T	R	O	P	E	R	T	R	E	B	L	O	C
R	O	O	A	F	A	K	E	N	E	W	S	R	Y	T	V	P	A	U	U
D	N	G	M	P	O	X	T	I	N	S	E	W	S	N	I	R	T	R	R
E	T	U	F	E	O	E	P	E	W	B	P	N	R	N	S	O	E	N	R
E	R	E	I	U	D	L	W	E	L	I	O	O	S	A	I	G	N	A	E
B	O	L	S	N	X	Y	I	O	P	J	B	E	N	I	O	R	I	L	N
A	V	B	A	M	O	V	C	T	R	L	W	N	Y	D	N	A	G	I	T
H	E	A	A	R	R	N	W	E	I	P	K	E	Y	E	E	M	H	S	E
T	R	C	K	E	E	R	P	K	N	C	S	W	C	M	M	N	T	M	V
N	S	Q	T	H	I	U	G	S	O	T	S	S	L	O	I	H	T	D	E
A	Y	N	P	T	B	I	L	M	S	A	R	P	H	C	T	J	K	S	N
M	I	E	E	L	A	T	N	E	M	N	I	A	T	R	E	T	N	E	T
A	T	R	I	R	I	F	U	N	N	Y	V	R	L	A	M	A	B	O	S
S	S	C	C	W	U	G	F	N	Q	G	R	O	B	R	I	G	G	L	E
T	A	L	K	S	H	O	W	G	L	E	Q	D	L	A	R	E	B	I	L
N	C	A	C	O	M	M	E	N	T	A	R	Y	N	D	P	X	A	M	V

Solution on page 162

ANATOMY
ANTHROPOLOGY
APPLIED
ASTRONOMY
ATOMS
BIOCHEMISTRY
BIOLOGY
BOTANY
CLASS
COMPUTER
DISCOVERY
EARTH
EDUCATION
EINSTEIN
ELEMENTS
ENGINEERING
FUTURE
GENETICS
GEOLOGY
HYPOTHESIS
KNOWLEDGE
LAB
LEARNING
LIFE
MATHEMATICS
MEDICINE
OBSERVATIONS
OCEANOGRAPHY
PALEONTOLOGY
PHYSICS
PROCESS
PROJECTS
PSYCHOLOGY
RESEARCH
SCHOOL
SCIENTIFIC METHOD
SPACE
STUDY
SYSTEMATIC
TEACHER
TECHNOLOGY
TEST
THEORY
UNIVERSE
ZOOLOGY

Puzzle 3.06: Science

R	P	D	K	P	W	V	M	W	M	E	X	K	J	W	R	I	F	K	P
D	R	A	D	E	I	L	P	P	A	S	T	R	O	N	O	M	Y	X	Y
Z	O	O	L	O	G	Y	R	O	E	H	T	R	A	E	E	P	G	A	H
P	C	S	N	I	E	T	S	N	I	E	D	U	C	A	T	I	O	N	W
H	E	T	S	E	T	Z	Y	R	Q	M	I	F	D	Q	N	X	L	A	X
Y	S	C	I	T	A	M	E	H	T	A	M	U	U	Y	X	H	O	T	X
S	S	E	S	S	S	N	O	I	T	A	V	R	E	S	B	O	H	O	A
I	L	J	M	W	Y	R	T	S	I	M	E	H	C	O	I	B	C	M	E
C	H	O	D	I	G	B	B	H	D	I	S	C	O	V	E	R	Y	Y	L
S	T	R	K	E	O	A	C	E	R	E	T	U	P	M	O	C	S	R	E
A	I	P	U	Y	L	Y	G	O	L	O	T	N	O	E	L	A	P	D	M
E	G	S	G	B	O	T	A	N	Y	S	P	U	N	I	V	E	R	S	E
G	G	G	E	I	I	Y	H	P	A	R	G	O	N	A	E	C	O	M	N
E	N	D	E	H	B	Q	K	G	T	Y	G	O	L	O	N	H	C	E	T
S	C	I	E	N	T	I	F	I	C	M	E	T	H	O	D	N	M	D	S
C	E	A	N	L	E	O	G	N	I	R	E	E	N	I	G	N	E	I	S
H	G	H	P	R	W	T	P	C	I	T	A	M	E	T	S	Y	S	C	A
O	S	M	U	S	A	O	I	Y	G	O	L	O	E	G	B	C	Q	I	L
O	F	U	T	U	R	E	N	C	H	C	R	A	E	S	E	R	F	N	C
L	I	F	E	H	B	O	L	K	S	F	L	H	T	E	A	C	H	E	R

Solution on page 163

ARMOR
ASIAN
ASSASSINATION
BLACK BELT
BRAVE
CHINESE
COVERT
DAGGERS
DARK
DEATH
DISGUISED
ESPIONAGE
FIGHTING
GRAPPLING HOOK
HIDDEN
HISTORY
INVISIBLE
JAPANESE
KATANA
LEGEND
MARTIAL ARTS
MERCENARY
MOVIES
MYSTERIOUS
MYTHOLOGY
NIGHT
NINJUTSU
RED
SABOTAGE
SAMURAI
SECRETIVE
SHADOW
SHURIKEN
SKILL
SPY
STAR
STEALTHY
SWORDS
TACTICS
TRAINING
TURTLE
UNORTHODOX
WARRIOR
WEAPONS

Puzzle 3.07: Ninja

C	E	K	U	A	P	R	T	O	B	H	K	K	U	R	C	M	B	O	W
Y	J	G	N	I	N	I	A	R	T	E	S	P	I	O	N	A	G	E	I
R	O	I	R	R	A	W	V	A	Q	C	H	Y	V	E	S	R	E	N	N
R	O	M	R	A	V	X	E	N	I	Q	F	E	K	S	F	T	V	L	H
W	P	Y	E	M	P	D	J	T	S	I	R	I	A	S	H	I	I	E	O
D	O	S	C	R	Y	P	C	F	O	T	R	S	W	G	S	A	T	G	B
X	Y	D	D	N	C	A	L	L	F	U	S	R	I	I	H	L	E	E	U
M	K	R	A	D	T	E	A	I	H	I	V	N	B	Q	E	A	R	N	D
H	K	O	P	H	Q	S	N	S	N	S	G	L	F	B	P	R	C	D	J
G	C	W	V	I	S	U	A	A	Q	G	E	H	K	T	B	T	E	S	O
S	Z	S	J	D	M	O	T	W	R	K	H	C	T	S	N	S	S	T	Q
X	J	S	A	D	F	I	A	E	C	Y	A	O	E	I	I	Y	I	E	S
R	P	A	P	E	O	R	K	A	V	L	Y	I	O	U	N	S	T	A	R
Y	G	M	A	N	U	E	Q	P	B	B	V	R	G	K	J	G	B	L	E
E	T	U	N	O	R	T	H	O	D	O	X	S	O	D	U	O	R	T	G
L	E	R	E	A	B	S	N	N	M	C	I	P	H	T	T	G	A	H	G
L	L	A	S	R	L	Y	S	S	N	D	K	E	G	A	S	R	V	Y	A
Q	D	I	E	E	I	M	Y	T	H	O	L	O	G	Y	U	I	E	W	D
Z	A	D	K	L	T	U	R	T	L	E	S	E	N	I	H	C	H	A	D
N	I	V	S	S	S	R	X	V	I	E	L	A	G	L	B	U	O	H	X

Solution on page 164

ACCESSORIES
ACTION
ADVENTURE
BLACK
BLU RAY
CALL OF DUTY
COMPUTER
CONSOLE
CONTROLLERS
DISC
DUAL SHOCK
DVD
ELECTRONICS
ENTERTAINMENT
EXPENSIVE
FINAL FANTASY
FRIENDS
FUN
GRAPHICS
HARD DRIVE
HARDWARE
HOME
INTERNET
JAPAN
MODERN
MOVIES
MULTIMEDIA
MUSIC
NEW
NINTENDO
ONLINE GAMING
PLAYSTATION NETWORK
SHINY
SLEEK
SLIM
SOFTWARE
SONY
SYSTEM
TECHNOLOGY
TELEVISION
VIDEO GAMES
WIRELESS CONTROLLER
XBOX

Puzzle 3.08: PlayStation 3

L	U	R	G	S	U	S	Y	S	T	E	M	Y	N	I	H	S	R	Q	V
B	R	C	V	L	C	V	W	K	D	B	L	U	R	A	Y	A	W	E	N
X	N	E	O	I	T	A	N	C	T	U	D	O	R	Z	C	Q	N	V	Q
M	O	K	L	M	A	A	L	A	E	R	A	D	S	C	K	T	Y	I	O
Y	I	B	T	L	P	R	S	L	K	R	W	L	E	N	E	A	N	R	O
S	S	G	X	A	O	U	R	B	O	A	A	S	S	R	O	T	O	D	W
C	I	N	J	E	C	R	T	B	R	F	S	W	T	H	E	C	S	D	O
I	V	I	R	V	O	R	T	E	O	O	D	A	T	R	O	L	Q	R	S
H	E	M	K	I	N	N	Z	N	R	D	I	U	N	F	P	C	Q	A	E
P	L	A	Y	S	T	A	T	I	O	N	N	E	T	W	O	R	K	H	I
A	E	G	G	N	R	Y	E	Z	M	C	T	E	Q	Y	D	S	K	V	V
R	T	E	O	E	O	S	L	E	E	K	S	J	T	U	O	V	Y	G	O
G	K	N	L	P	L	O	N	O	O	D	I	S	C	N	R	E	D	O	M
W	A	I	O	X	L	T	M	U	L	T	I	M	E	D	I	A	P	O	U
O	H	L	N	E	E	I	Y	S	A	T	N	A	F	L	A	N	I	F	S
W	M	N	H	A	R	L	P	V	S	E	M	A	G	O	E	D	I	V	I
X	Q	O	C	E	S	C	I	N	O	R	T	C	E	L	E	R	X	Q	C
H	O	M	E	R	U	T	N	E	V	D	A	G	S	D	N	E	I	R	F
C	A	C	T	I	O	N	A	U	N	X	D	D	G	R	I	H	X	W	S
J	M	F	X	J	J	D	B	G	F	I	I	M	A	A	D	Q	S	L	F

Solution on page 165

ANCIENT
ART
ASIA
ATHLETIC
BRUCE LEE
COMBAT
COMPETITION
CULTURE
DISCIPLINE
DRAGON
DYNASTY
EXERCISE
FIGHTING
FITNESS
FOCUS
HARD
JACKIE CHAN
JET LI
JUDO
KARATE
KICKING
MANDARIN
MEDITATION
METHOD
MONKS
MOVEMENTS
MOVIES
PHILOSOPHY
PHYSICAL
PRACTICE
PUNCH
SCHOOL
SELF DEFENSE
SKILL
SPORT
STANCES
STUDENT
STYLES
TAI CHI
TECHNIQUES
TIGER
TRADITIONAL
TRAINING
WARRIOR
WUSHU

Puzzle 3.09: Kung Fu

K	S	C	C	U	L	T	U	R	E	X	P	I	G	I	R	F	C	F	N
B	R	R	H	L	A	E	C	T	H	X	A	N	I	R	A	D	N	A	M
O	I	S	I	F	I	T	N	E	S	S	E	U	Q	I	N	H	C	E	T
G	U	K	F	Z	F	O	N	F	H	C	D	R	V	T	C	Q	D	T	L
W	S	R	F	F	C	S	E	I	V	O	M	K	C	N	L	I	Y	A	A
P	R	E	D	E	P	E	R	G	L	W	N	C	U	I	T	G	S	R	C
Y	E	G	E	O	A	J	E	H	C	V	C	P	N	A	S	K	J	A	I
Y	C	I	R	R	D	E	X	T	O	U	W	A	T	O	N	E	W	K	S
L	I	T	Q	S	L	U	S	I	M	P	H	I	L	O	S	O	P	H	Y
K	T	O	R	E	E	T	J	N	P	C	O	C	M	Y	L	P	K	F	H
W	C	N	C	A	U	C	B	G	E	N	I	L	P	I	C	S	I	D	P
G	A	U	E	D	D	M	N	I	T	F	H	C	X	W	M	A	C	W	M
F	R	R	E	I	E	I	K	A	I	Y	E	A	I	T	O	I	K	I	L
B	P	N	R	T	C	C	T	H	T	T	U	D	R	T	V	S	I	H	E
G	T	F	H	I	A	N	A	I	I	S	N	A	F	D	E	A	N	C	Y
O	M	O	N	J	O	B	A	B	O	A	I	W	R	L	M	L	G	I	K
H	D	C	O	O	V	R	M	G	N	N	X	K	Y	T	E	V	H	A	W
J	V	U	X	Q	M	V	I	O	I	Y	A	T	Q	B	N	S	K	T	Y
V	Z	S	E	X	G	F	T	N	C	D	S	L	J	E	T	L	I	E	A
C	E	Z	M	D	R	A	G	O	N	L	O	O	H	C	S	G	W	H	M

Solution on page 166

ADVANCED
ADVENTURE
ANIMATED
ARTIFICIAL
AVATAR
BRAIN
COMPUTERS
CYBERSPACE
DESIGN
ENTERTAINMENT
ENVIRONMENT
EXPENSIVE
FANTASY
FORCE FEEDBACK
FUTURISTIC
GAMING
GLASSES
GOGGLES
GRAPHICS
HEADSET
HELMET
ILLUSION
IMAGINARY WORLD
INNOVATIVE
INTERACTIVE
MEDICAL
MODERN
MOUSE
MOVIES
PROGRAMMING
REAL WORLD
REALISTIC
SCIENCE FICTION
SCREEN
SEGA
SENSORY
SIMULATION
SOUND
TECHNOLOGY
THE MATRIX
TRAINING
VIDEO GAMES
VISION
VISUAL
WIRED GLOVE

Puzzle 3.10: Virtual Reality

D	S	E	L	G	G	O	G	Z	C	Y	K	S	R	L	L	K	O	X	R
O	Q	X	D	Y	S	A	T	N	A	F	R	G	E	L	G	Q	E	J	K
I	C	P	A	N	G	I	S	E	D	M	N	O	P	S	B	E	K	M	C
L	R	E	D	S	D	K	S	G	C	I	O	R	S	E	Z	C	H	O	E
L	E	N	V	R	T	L	L	E	M	H	O	V	I	N	A	A	M	D	S
U	A	S	A	T	X	A	R	A	M	G	N	N	I	B	E	P	F	E	U
S	L	I	N	T	S	I	G	O	R	A	N	O	D	E	U	S	U	R	O
I	I	V	C	S	N	N	R	A	W	O	G	E	L	T	S	R	T	N	M
O	S	E	E	I	I	E	M	T	V	Y	E	O	E	O	P	E	U	E	H
N	T	S	D	N	F	M	M	A	A	F	R	R	E	D	G	B	R	V	T
D	I	G	I	I	I	I	T	N	E	M	S	A	Q	D	F	Y	I	O	B
T	C	A	Z	N	O	I	T	C	I	F	E	C	N	E	I	C	S	L	R
Q	R	N	G	H	V	E	R	R	T	A	X	H	R	I	S	V	T	G	A
T	M	I	I	E	C	O	R	Q	A	Q	T	N	T	E	G	X	I	D	I
E	E	M	R	L	F	S	C	I	H	P	A	R	G	U	E	A	C	E	N
S	D	A	A	M	I	D	L	R	O	W	L	A	E	R	X	N	M	R	O
D	I	T	T	E	I	P	T	S	I	M	U	L	A	T	I	O	N	I	I
A	C	E	A	T	A	T	N	E	M	N	O	R	I	V	N	E	I	W	S
E	A	D	V	E	N	T	U	R	E	V	I	T	C	A	R	E	T	N	I
H	L	L	A	U	S	I	V	K	S	O	U	N	D	Z	A	Z	N	X	V

Solution on page 167

AUTHOR
BOOKS
CAR ACCIDENT
CARRIE
CHRISTINE
CREATIVE
CUJO
DARK TOWER
DEAD ZONE
DESPERATION
DREAMCATCHER
FAMOUS
FANTASY
FEAR
FILMS
FIRESTARTER
HORROR
MACABRE
MAINE
MISERY
MOVIES
NOVELIST
POPULAR
PRODUCER
SALEMS LOT
SCREENPLAY
SCREENWRITER
SHAWSHANK
SHORT STORY
STORIES
SUSPENSE
TABITHA
TELEVISION
TERROR
THE GREEN MILE
THE SHINING
THE STAND
THRILLER
WRITING

Puzzle 3.11: Stephen King

F	S	X	B	E	S	G	Z	C	Y	V	H	K	S	F	P	U	T	Y	D
N	G	H	D	B	A	U	P	Q	A	U	O	F	L	E	W	X	H	R	T
M	E	N	K	X	L	S	O	F	I	R	E	S	T	A	R	T	E	R	W
O	V	M	I	S	E	R	Y	M	V	K	R	E	M	R	Q	A	G	Y	T
O	I	G	K	N	A	H	S	W	A	H	S	I	T	R	M	B	R	N	E
E	T	T	A	B	I	T	H	A	S	F	S	R	E	C	O	O	E	O	U
N	A	D	A	U	T	H	O	R	V	A	R	O	A	O	T	D	E	I	Y
Z	E	D	E	J	C	E	S	O	L	S	J	T	K	S	I	R	N	S	N
N	R	E	T	I	R	W	N	E	E	R	C	S	T	C	R	W	M	I	I
T	C	S	U	U	H	O	M	R	H	H	D	R	C	E	S	S	I	V	Q
E	O	P	H	O	R	S	B	B	E	T	O	A	E	P	W	A	L	E	L
R	E	E	R	L	L	A	U	R	F	H	R	M	R	E	S	D	E	L	O
R	N	R	U	O	C	D	T	P	S	A	O	O	M	K	N	I	U	E	V
O	O	A	T	A	C	Y	G	S	C	V	D	Y	H	A	T	P	N	T	U
R	Z	T	M	U	N	N	T	Y	I	U	I	K	T	E	W	O	L	M	T
H	D	I	J	E	I	W	V	E	C	L	O	S	M	L	I	F	W	A	Q
Y	A	O	S	T	N	R	S	E	O	R	E	L	L	I	R	H	T	E	Y
V	E	N	I	T	S	I	R	H	C	H	L	V	P	O	P	U	L	A	R
Z	D	R	N	W	U	F	A	N	T	A	S	Y	O	Y	V	U	W	G	H
Q	W	L	C	X	U	R	O	M	J	E	Z	E	S	N	E	P	S	U	S

Solution on page 168

ADVANCES
APPLIED MECHANICS
AUTOMATION
BIOFUELS
BIOINFORMATICS
BIOTECHNOLOGY
BRAIN
ELECTRIC CARS
ENERGY TRANSFER
EXOSKELETON
FOSSIL FUELS
FUSION POWER
GENETIC ENGINEERING
GREEN
HOLOGRAPHY
HYDROGEN ECONOMY
LASER
LIGHTING
MACHINE TRANSLATION
NANOTECHNOLOGY
NANOWIRE BATTERY
OPTICAL COMPUTING
PERSONAL AIRCRAFT
PLASMA
QUANTUM COMPUTING
RESEARCH
ROCKET
SPACE COLONIZATION
SPACE ELEVATOR
STEM CELL
SUPERCONDUCTIVITY
TRANSPORTATION
VIRTUAL REALITY
WIND
WIRELESS

Puzzle 3.12: New Technology

S	P	L	A	S	M	A	V	R	E	W	O	P	N	O	I	S	U	F	L
U	X	S	R	A	C	C	I	R	T	C	E	L	E	O	E	U	G	Y	H
P	R	S	T	N	R	M	R	R	E	S	E	A	R	C	H	E	A	M	U
E	H	P	F	A	E	A	T	L	A	V	R	O	N	Y	N	U	T	O	G
R	T	A	A	N	F	C	U	I	Q	R	C	A	E	E	T	H	A	N	S
C	R	C	R	O	S	H	A	G	A	K	V	B	T	O	O	P	I	O	C
O	A	E	C	W	N	I	L	H	E	D	R	I	M	L	P	T	Y	C	I
N	N	C	R	I	A	N	R	T	A	A	C	A	O	L	U	G	G	E	T
D	S	O	I	R	R	E	E	I	I	E	T	G	I	P	O	S	O	N	A
U	P	L	A	E	T	T	A	N	N	I	R	E	M	L	B	S	L	E	M
C	O	O	L	B	Y	R	L	G	O	A	D	O	O	I	T	E	O	G	R
T	R	N	A	A	G	A	I	N	P	M	C	N	O	E	D	L	N	O	O
I	T	I	N	T	R	N	T	H	E	L	H	F	M	N	A	E	H	R	F
V	A	Z	O	T	E	S	Y	C	A	C	U	C	I	S	E	R	C	D	N
I	T	A	S	E	N	L	H	C	E	E	E	W	E	R	X	I	E	Y	I
T	I	T	R	R	E	A	I	T	L	L	M	R	G	K	F	W	T	H	O
Y	O	I	E	Y	N	T	O	S	L	E	U	F	L	I	S	S	O	F	I
U	N	O	P	I	P	I	E	X	O	S	K	E	L	E	T	O	N	H	B
G	T	N	C	O	B	O	R	O	T	A	V	E	L	E	E	C	A	P	S
T	E	S	Q	U	A	N	T	U	M	C	O	M	P	U	T	I	N	G	Z

Solution on page 169

ACTION
ADVENTURE
AMAZING
ANIMATION
AWARDS
BEAUTIFUL
BEST PICTURE
BLOCKBUSTER
BLUE
BOX OFFICE
BUDGET
COMPUTER
CULTURE
DIRECTOR
EARTH
EPIC FILM
EXTRATERRESTRIAL
EYWA
FANTASY
FUTURISTIC
GLASSES
GREED
HOLLYWOOD
HUMANOIDS
IMAX
LIFE
MICHELLE RODRIGUEZ
MILITARY
MINING
MISSION
MONEY
NATURE
NAVI
OSCARS
PANDORA
PLANET
SAM WORTHINGTON
SAPIENT
SPACE
STEPHEN LANG
THEATER
TREE
TRIBE
UNOBTANIUM
VISUAL EFFECTS

Puzzle 3.13: Avatar

T	N	S	R	N	F	Z	U	O	E	R	U	T	L	U	C	N	G	S	L
Y	R	W	H	O	U	N	A	T	U	R	E	F	S	M	T	F	R	A	G
K	A	U	W	B	T	C	L	X	N	A	U	R	A	P	I	A	Y	P	X
L	A	B	M	V	U	C	P	U	D	Y	E	T	B	N	C	N	G	I	A
Q	N	U	I	T	R	A	E	V	F	T	N	O	C	S	T	N	I	E	V
S	I	M	L	E	I	E	E	R	S	I	X	O	O	I	O	A	X	N	B
E	M	H	I	G	S	N	T	U	I	O	T	M	I	T	P	T	S	T	G
S	A	T	T	D	T	M	B	A	F	D	A	U	G	T	R	T	R	Y	I
S	T	R	A	U	I	K	W	F	E	O	I	N	A	A	C	I	S	Z	A
A	I	A	R	B	C	Y	I	T	A	H	I	O	T	E	B	A	D	E	Z
L	O	E	Y	O	E	C	C	N	W	H	T	E	F	E	B	H	T	P	B
G	N	A	L	N	E	H	P	E	T	S	R	F	N	O	I	S	S	I	M
O	D	B	G	T	Z	A	C	R	D	R	E	T	U	P	M	O	C	C	X
Z	E	U	G	I	R	D	O	R	E	L	L	E	H	C	I	M	H	F	V
G	E	M	L	O	L	W	A	S	A	M	A	Z	I	N	G	D	Q	I	P
H	R	O	D	I	M	W	T	U	N	O	B	T	A	N	I	U	M	L	T
G	G	N	F	A	A	R	S	D	I	O	N	A	M	U	H	A	A	M	Y
F	A	E	S	A	I	I	U	S	S	F	J	J	M	J	X	N	A	V	I
P	I	Y	F	A	V	I	Y	B	M	H	S	P	A	C	E	U	L	B	F
H	O	L	L	Y	W	O	O	D	I	I	A	Z	L	T	R	E	E	E	I

Solution on page 170

ALGORITHMS
APPLICATIONS
BASIC
BINARY
BUGS
CAREER
CLASS
COBOL
CODING
COMPUTERS
DATA
DEBUGGING
DEVELOPMENT
ENGINEERING
ERROR
FORMAL LOGIC
FORTRAN
FUNCTION
HARDWARE
HTML
INFORMATION
INPUT
INSTRUCTIONS
INTELLIGENCE
JOBS
KEYBOARD
LANGUAGES
MACHINE
MAINFRAME
MAINTAIN
MATHEMATICS
MODERN
NETWORK
OPERATING SYSTEM
OUTPUT
PROGRAMS
RUN
SCIENCE
SCRIPT
SOFTWARE
SOURCE CODE
TESTING
TROUBLESHOOTING
WINDOWS
WRITING

Puzzle 3.14: Computer Programming

L	X	U	R	A	P	R	O	G	R	A	M	S	G	A	B	A	S	I	C
K	P	Y	D	E	V	E	L	O	P	M	E	N	T	S	S	Z	N	O	E
T	B	U	G	S	S	A	L	C	A	P	I	O	C	M	D	S	P	C	M
Y	F	G	B	O	S	C	A	N	L	T	A	I	H	A	T	E	N	O	A
L	N	N	N	X	R	R	O	A	S	N	E	T	T	R	R	E	U	B	R
R	A	I	F	I	E	I	N	E	R	N	I	A	U	A	G	S	H	O	F
P	R	D	U	E	T	G	T	E	C	R	M	C	T	I	C	X	V	L	N
Z	T	O	R	C	U	O	D	E	O	A	T	I	L	R	T	H	N	L	I
H	R	C	N	A	P	O	O	G	T	I	N	L	I	Q	C	W	O	Y	A
P	O	U	G	I	M	O	L	H	O	G	E	P	G	E	I	G	I	H	M
B	F	E	G	A	O	A	E	N	S	T	T	P	N	T	G	D	T	V	A
V	S	D	I	E	C	M	S	Y	N	E	S	A	I	U	O	M	A	F	I
D	O	O	Z	U	A	B	S	I	R	S	L	I	G	P	L	T	M	Q	N
I	J	C	G	T	I	T	S	A	W	J	W	B	G	T	L	U	R	S	T
Y	O	E	I	N	E	T	W	O	R	K	G	L	U	U	A	P	O	W	A
J	B	C	A	M	E	D	D	N	P	Q	Q	G	B	O	M	N	F	F	I
D	S	R	I	R	R	N	U	E	N	G	I	N	E	E	R	I	N	G	N
V	Y	U	R	A	I	K	E	Y	B	O	A	R	D	I	O	T	I	X	U
S	Q	O	H	W	R	I	T	I	N	G	K	H	V	B	F	P	I	G	R
W	R	S	O	F	T	W	A	R	E	N	I	H	C	A	M	V	F	O	Z

Solution on page 171

ACTION
ADVENTURE
ARCADE
CARDS
COMPETITION
COMPUTER
CONSOLE
CONTROLLER
DEVELOPER
DISC
DOOM
DOWNLOAD
ENTERTAINMENT
FPS
FREE
FUN
GAMING
GRAPHICS
INTERNET
KEYBOARD
LAPTOP
MARIO
MEDIA
MOUSE
MULTIPLAYER
ONLINE
PC GAME
RACING
RATING
ROLE PLAYING
RUN
SHOOTER
SIMULATION
SOFTWARE
SOUND
SPEED
SPORTS
STORY
STRATEGY
SYSTEM REQUIREMENTS
TIME
VIDEO GAME
VIOLENCE
VIRTUAL
WINDOWS

Puzzle 3.15: Computer Games

Z	C	O	U	C	I	L	N	Q	Y	D	W	E	M	I	T	Y	S	S	V
T	S	T	R	O	P	S	I	J	X	T	K	R	G	E	G	S	W	D	U
E	N	Y	E	R	U	T	N	E	V	D	A	N	N	E	R	G	O	R	H
A	C	T	I	O	N	N	T	L	E	C	I	R	T	E	A	W	D	A	S
U	U	N	V	I	D	E	O	G	A	M	E	A	T	T	P	Y	N	C	P
Y	V	V	E	T	O	M	J	L	A	T	R	O	N	O	H	O	I	O	E
L	S	E	I	L	B	E	S	G	N	T	O	E	N	R	I	F	W	N	E
R	R	I	T	R	O	R	L	I	S	H	M	L	Y	T	C	S	Q	S	D
F	H	C	D	W	T	I	O	B	S	N	I	D	I	E	S	I	X	O	A
L	U	O	F	E	I	U	V	L	I	N	R	T	M	M	S	M	N	L	C
T	Y	N	P	E	V	Q	A	A	E	A	E	C	O	M	P	U	T	E	R
B	M	T	D	R	Q	E	T	L	O	P	P	H	V	O	C	L	O	V	A
M	R	R	A	A	Z	R	L	B	M	Y	L	G	N	I	C	A	R	M	Q
Q	P	O	O	W	E	M	Y	O	R	E	Y	A	L	P	I	T	L	U	M
H	Q	L	L	T	B	E	C	O	P	S	M	G	Y	C	S	I	D	Y	A
R	G	L	N	F	K	T	T	H	O	E	L	A	J	I	D	O	O	M	R
O	L	E	W	O	G	S	P	F	T	T	R	F	G	W	N	N	U	N	I
I	S	R	O	S	D	Y	Y	U	P	N	I	W	H	C	S	G	U	N	O
Q	M	E	D	I	A	S	C	R	A	T	I	N	G	H	P	R	S	F	D
T	A	Y	C	K	H	D	F	F	L	I	B	B	X	S	E	D	W	X	X

Solution on page 172

ARAGORN
BILBO
BOROMIR
DRAGON
DWARVES
ELVES
ENTS
EPIC
EVIL
FANTASY
FELLOWSHIP
FRODO BAGGINS
GANDALF
GIMLI
GOLLUM
GONDOR
HOBBITS
ISILDUR
JOURNEY
KING
LEGOLAS
LITERATURE
MAGIC
MERRY
MIDDLE EARTH
MOUNT DOOM
MOVIES
MYTHOLOGY
NOVELS
ONE RING
PETER JACKSON
PIPPIN
POPULAR
RINGS OF POWER
RIVENDELL
SAMWISE
SARUMAN
SAURON
SHIRE
STORY
THE HOBBIT
THE TWO TOWERS
TOLKIEN
TRILOGY
WIZARD

Puzzle 3.16: The Lord of the Rings

E	L	V	E	S	A	N	C	M	S	L	L	F	X	N	O	U	U	X	Y
I	Y	Q	B	N	A	R	Z	U	I	S	I	L	D	U	R	T	G	W	J
D	M	O	V	I	E	S	A	L	N	D	R	A	Z	I	W	K	N	C	U
R	W	B	R	G	L	B	Y	L	G	O	N	D	O	R	N	G	Y	V	D
M	W	E	V	G	Z	B	R	O	U	I	H	N	V	C	I	G	A	M	N
R	L	O	T	A	D	I	O	G	M	P	T	A	O	E	O	C	H	E	O
I	I	H	O	B	M	Y	T	H	O	L	O	G	Y	L	G	O	I	B	R
N	T	U	U	O	A	T	S	H	T	C	P	P	I	T	B	K	Y	J	U
G	E	L	N	D	M	B	H	S	E	I	P	R	Q	B	L	E	J	U	A
S	R	E	W	O	T	O	W	T	E	H	T	S	I	O	N	E	N	T	S
O	A	G	H	R	S	E	U	Y	R	A	O	T	T	R	O	S	V	N	E
F	T	O	U	F	R	K	Q	N	R	A	S	B	U	O	A	A	A	I	I
P	U	L	E	I	T	E	C	A	T	Y	E	O	B	M	Y	M	N	P	L
O	R	A	H	R	N	O	G	A	R	D	J	E	W	I	U	O	G	P	O
W	E	S	L	E	V	O	N	S	J	Q	O	I	L	R	T	N	G	I	O
E	G	S	E	V	R	A	W	D	J	R	S	O	A	D	I	E	N	P	D
R	I	V	E	N	D	E	L	L	V	E	E	S	M	K	D	R	R	V	X
F	M	E	R	R	Y	P	C	G	F	A	N	T	A	S	Y	I	R	O	V
C	L	I	T	O	P	I	H	S	W	O	L	L	E	F	F	N	M	X	B
Z	I	O	C	E	V	C	O	S	Y	V	N	T	W	P	G	G	Y	R	Z

Solution on page 173

ACTION
ADULT
ADVENTURE
ARTISTIC
AUTHOR
BATMAN
BOOKSTORES
BOUND
CARTOON
CHARACTERS
CHILDREN
COLLECTION
COMIC BOOKS
COMIC FORM
COMPLETE STORY
DARK
DC COMICS
DESIGN
DRAMA
FANTASY
FICTIONAL
ILLUSTRATED
IMAGES
JAPANESE
LIBRARY
LITERATURE
MAGAZINE
MANGA
MARVEL
MATURE
MOVIES
NARRATIVE
NONFICTION
PICTURES
PUBLISHING
READ
SANDMAN
SERIOUS
SHORT STORIES
SUPERHEROES
WATCHMEN
WORDS
WRITING
YOUTH

Puzzle 3.17: Graphic Novels

X	G	N	I	H	S	I	L	B	U	P	P	J	J	H	A	M	D	R	M
K	R	W	L	I	T	E	R	A	T	U	R	E	M	A	N	G	A	H	L
E	E	A	C	K	T	I	O	F	S	A	C	T	I	O	N	H	E	T	D
C	I	T	K	A	A	I	I	R	Y	S	A	T	N	A	F	R	R	U	A
Y	S	C	E	N	R	C	E	F	E	C	B	F	Y	A	U	T	H	O	R
D	A	H	P	O	T	T	J	S	E	H	I	V	Z	T	S	Y	U	Y	K
A	N	M	Q	I	I	S	O	U	X	C	R	D	N	D	E	S	I	G	N
K	D	E	O	T	S	B	E	O	T	L	P	E	K	E	R	R	D	D	L
U	M	N	C	C	T	O	L	I	N	Z	V	T	P	R	O	E	M	R	C
G	A	B	O	E	I	U	O	R	R	D	P	A	A	U	T	T	B	A	V
L	N	N	M	L	C	N	G	E	A	O	Q	R	D	T	S	C	S	M	D
L	A	A	I	L	F	D	H	S	P	B	T	T	U	A	K	A	N	A	X
W	M	R	C	O	M	I	C	B	O	O	K	S	L	M	O	R	I	G	Q
O	T	R	F	C	H	I	L	D	R	E	N	U	T	P	O	A	M	A	Q
R	A	A	O	I	L	Y	R	A	R	B	I	L	L	R	B	H	A	Z	W
D	B	T	R	Y	R	O	T	S	E	T	E	L	P	M	O	C	G	I	F
S	C	I	M	O	C	C	D	W	R	I	T	I	N	G	E	H	E	N	F
L	E	V	R	A	M	O	V	I	E	S	J	A	P	A	N	E	S	E	B
B	S	E	R	U	T	C	I	P	H	G	N	S	X	H	H	P	B	Y	D
Q	J	C	T	J	T	E	C	E	R	J	U	O	S	Y	R	K	Z	G	D

Solution on page 174

ANIMATION
BALD
BARNEY
BART SIMPSON
CARTOON
CHARACTER
CHILDREN
CLASSIC
CLUMSY
COMEDY
DAN CASTELLANETA
DOH
DOUGHNUT
DUFF BEER
EPISODE
FAMILY
FATHER
FLANDERS
FOX
FUNNY
HOMER
HOUSE
HUSBAND
KIDS
KRUSTY THE CLOWN
LAZY
MAGGIE
MALE
MARGE SIMPSON
MARRIED
MATT GROENING
MOVIE
MR BURNS
NED
NUCLEAR POWER PLANT
OVERWEIGHT
POPULAR
RUDE
SPRINGFIELD
STUPID
TELEVISION
THE SIMPSONS
TOYS
WIFE
YELLOW

Puzzle 3.18: Homer Simpson

Y	S	M	U	L	C	D	K	Y	B	M	J	Z	G	R	Y	J	S	B	C
E	R	N	L	A	J	L	Q	B	C	A	R	T	O	O	N	C	F	X	K
L	X	U	R	W	D	P	K	I	V	T	E	L	E	V	I	S	I	O	N
L	C	C	D	U	F	L	E	D	I	Q	G	M	N	E	K	E	V	F	O
O	R	L	K	E	B	J	E	G	N	I	N	E	O	R	G	T	T	A	M
W	R	E	M	O	H	R	W	I	D	A	R	Q	U	W	C	U	O	M	A
M	F	A	T	H	E	R	M	U	F	D	B	S	R	E	R	N	Y	I	L
U	N	R	Q	C	X	T	F	K	L	G	T	S	S	I	I	H	S	L	E
G	O	P	J	R	A	F	H	I	I	Y	N	U	U	G	B	G	F	Y	R
O	S	O	K	Q	B	R	H	E	T	D	O	I	X	H	E	U	G	Z	M
H	P	W	G	E	X	C	A	H	S	H	S	K	R	T	P	O	N	A	C
Y	M	E	E	E	L	J	E	H	R	I	P	O	N	P	I	D	R	L	M
E	I	R	L	I	R	C	A	W	C	N	M	C	I	S	S	A	L	C	S
J	S	P	D	V	L	Z	N	D	M	Q	I	P	O	F	O	B	D	R	Z
H	E	L	C	O	M	E	D	Y	W	R	S	I	S	L	D	I	E	A	D
S	G	A	W	M	D	N	D	I	P	U	T	S	W	O	E	D	I	L	Z
D	R	N	O	I	T	A	M	I	N	A	R	F	U	N	N	Y	R	U	L
R	A	T	E	N	A	L	L	E	T	S	A	C	N	A	D	S	R	P	W
I	M	O	B	Y	A	Y	E	N	R	A	B	A	L	D	O	H	A	O	W
Z	L	I	K	M	S	K	N	C	X	M	E	F	I	W	F	A	M	P	Y

Solution on page 175

Answers

Answer 1.01: Technology

F	R	T	E	N	R	E	T	N	I	N	D	U	S	T	R	Y	N	K	S
C	O	M	M	U	N	I	C	A	T	I	O	N	S	Y	S	T	E	M	S
M	O	D	E	R	N	H	C	O	M	P	U	T	E	R	S	J	N	L	N
I	S	M	W	D	J	H	K	I	H	L	Y	P	R	C	P	V	O	Q	O
R	L	J	L	D	I	H	T	D	Z	W	L	R	P	I	I	J	I	P	P
C	O	D	Z	R	F	C	T	A	B	F	I	N	G	F	N	T	T	T	A
L	O	S	D	M	R	Z	I	R	M	H	A	O	N	I	V	U	A	S	E
O	T	E	L	E	P	H	O	N	E	N	D	I	I	T	E	S	Z	C	W
T	H	E	W	H	E	E	L	D	E	E	Y	T	T	N	N	T	I	I	H
H	V	O	C	E	V	F	E	H	V	C	S	A	N	E	T	O	N	N	A
I	P	V	H	H	N	C	W	E	N	A	X	M	I	I	I	N	A	O	U
N	U	O	F	D	N	G	L	E	F	K	N	R	R	C	O	E	G	R	O
G	C	R	L	A	N	O	I	T	A	T	R	O	P	S	N	A	R	T	S
J	U	R	V	N	P	C	L	N	M	E	R	F	I	I	S	G	O	C	O
C	O	D	A	M	I	K	U	O	E	E	R	N	I	T	R	E	V	E	F
W	A	M	E	F	E	Y	I	M	G	E	T	I	N	R	A	E	L	L	T
B	U	N	F	U	T	U	R	E	Y	Y	R	A	F	K	C	C	C	E	W
H	T	E	Q	R	N	S	S	E	C	N	A	I	L	P	P	A	U	T	A
C	J	W	H	N	E	V	O	L	U	T	I	O	N	K	V	N	I	D	R
S	E	N	I	H	C	A	M	A	Q	S	S	E	R	G	O	R	P	M	E

Answer 1.02: Arithmetic

V	G	Q	Q	G	B	Q	U	X	B	J	P	H	L	B	O	O	K	S	J
L	E	N	P	Y	M	W	C	Z	D	F	C	L	P	R	O	B	L	E	M
K	V	S	N	R	F	U	A	R	U	A	M	Q	U	O	T	I	E	N	T
V	A	L	U	E	O	A	L	N	E	Z	U	P	S	S	D	Q	S	T	W
T	F	R	S	B	I	D	C	T	B	U	S	I	N	E	S	S	N	H	D
J	I	F	C	E	T	T	U	T	I	N	H	P	R	L	C	E	O	T	J
F	B	M	I	H	I	R	L	C	O	P	W	U	A	E	N	F	I	B	D
J	L	D	E	O	H	S	A	I	T	R	L	R	D	O	L	A	T	S	K
K	O	I	N	S	P	T	T	C	S	E	E	I	P	R	L	B	C	Y	Y
Z	U	V	C	B	A	A	I	N	T	M	H	X	C	G	A	I	A	R	C
D	F	I	E	H	R	T	O	V	U	I	E	N	E	A	T	X	R	T	O
C	V	S	M	E	G	I	N	N	Z	K	O	B	Q	A	T	Y	F	E	U
M	G	I	P	H	T	S	S	L	E	A	R	N	M	W	N	I	U	M	N
H	E	O	S	A	T	T	S	Q	U	A	R	E	R	O	O	T	O	O	T
G	O	N	U	F	S	I	Y	R	O	E	H	T	R	E	B	M	U	N	I
G	M	Q	N	Y	V	C	R	Q	S	T	E	A	D	D	I	T	I	O	N
X	E	B	I	K	B	S	C	O	A	F	U	R	E	A	D	I	N	G	G
P	T	O	M	V	T	L	I	M	G	G	S	R	E	G	E	T	N	I	R
S	R	E	U	T	K	X	H	T	N	L	A	M	I	C	E	D	K	R	P
S	Y	D	U	T	S	G	N	O	I	T	A	C	U	D	E	T	W	T	C

Answer 1.03: Dragon Ball

E	G	C	D	V	D	P	Q	Q	A	N	R	M	N	F	O	J	Y	Z	O
N	S	O	O	O	K	Y	T	P	O	W	E	R	N	O	Z	Y	Q	G	U
M	N	E	U	M	R	R	W	J	N	Z	T	E	E	V	G	Z	M	P	U
E	I	M	N	O	I	S	I	V	E	L	E	T	R	I	Q	A	V	C	B
I	C	M	T	A	A	C	A	L	Z	V	O	C	D	C	R	N	R	U	X
I	R	S	A	G	P	N	S	E	L	U	W	A	L	T	A	I	L	D	U
E	G	N	I	N	I	A	R	T	R	I	L	R	I	O	G	M	S	Y	C
P	O	O	A	E	O	M	J	N	S	A	N	A	H	R	A	A	E	T	K
K	H	I	K	U	V	O	A	H	C	F	L	H	C	Y	U	T	R	F	D
J	A	T	I	S	U	M	T	I	A	A	Z	C	P	S	S	I	I	H	N
B	N	C	R	R	E	B	T	V	R	L	F	G	H	E	R	O	E	S	C
B	B	A	A	N	G	S	I	T	D	I	D	O	M	R	B	N	S	P	Y
G	A	P	T	Q	Y	L	S	L	G	P	Y	A	O	U	M	A	J	O	S
L	T	S	O	M	L	T	G	H	A	R	G	A	V	T	G	T	J	P	A
Y	T	M	R	A	I	H	T	M	M	O	H	S	O	N	G	O	K	U	T
C	L	R	I	N	Y	I	O	A	E	R	T	X	A	E	V	P	N	L	N
Y	E	N	Y	L	N	V	S	D	X	E	G	M	K	V	V	K	Y	A	A
W	S	M	A	G	I	C	I	S	P	P	I	H	S	D	N	E	I	R	F
A	X	M	M	E	S	V	N	G	Q	M	Y	D	R	A	W	I	N	G	H
T	G	C	A	R	T	O	O	N	N	E	T	W	O	R	K	I	D	S	W

Answer 1.04: Electric Guitar

S	I	K	Y	S	O	B	D	G	F	F	S	R	P	V	L	T	O	U	R
M	Z	N	W	P	R	Z	A	F	P	E	Y	R	A	S	D	R	O	H	C
L	Y	M	J	E	Z	G	E	F	L	D	J	S	V	E	R	M	Z	N	R
U	I	H	V	A	W	N	K	Z	A	Z	T	G	C	Z	A	R	C	G	E
K	V	E	J	K	D	E	V	R	Y	N	E	N	O	B	O	O	R	U	O
B	R	X	H	E	A	V	Y	M	E	T	A	L	K	C	B	C	L	F	S
I	P	Y	R	R	L	P	U	M	R	M	O	G	K	W	T	K	T	G	W
M	R	A	S	S	F	E	U	V	R	S	I	A	K	K	E	B	R	I	N
R	P	L	E	T	E	R	C	O	H	H	N	F	T	H	R	A	E	B	I
D	O	G	T	N	T	S	F	T	Y	D	O	B	Z	V	F	N	C	S	R
G	P	X	O	S	K	R	I	V	R	H	Y	T	H	M	Z	D	N	O	H
N	U	S	N	W	E	R	I	O	D	I	S	T	O	R	T	I	O	N	S
I	L	I	T	P	S	B	L	C	N	X	C	I	T	S	U	O	C	A	S
N	A	U	T	R	R	L	Q	A	M	P	L	I	F	I	E	R	S	T	A
U	R	S	N	A	I	C	I	S	U	M	E	Y	T	J	F	U	A	E	B
T	Q	F	T	X	R	N	O	N	A	W	S	M	M	Y	F	G	L	P	T
B	R	I	D	G	E	I	G	R	R	D	P	N	C	K	E	Y	Z	B	R
H	O	O	O	H	Y	O	S	S	D	U	A	Y	P	I	C	K	U	P	S
N	N	D	O	E	U	F	X	T	S	O	U	N	D	V	T	E	W	U	B
B	Z	I	W	H	R	C	K	G	H	L	L	G	N	O	S	U	N	L	B

Answer 1.05: Xbox 360

S	D	N	E	I	R	F	U	N	L	Q	Z	W	W	N	E	E	R	G	I
M	O	V	I	E	S	V	I	U	N	Q	M	L	B	G	N	I	M	A	G
R	X	S	D	Y	T	U	D	F	O	L	L	A	C	I	L	M	R	X	C
W	T	V	N	P	F	N	S	I	N	X	W	K	L	Q	U	C	B	O	C
P	E	E	C	G	L	C	E	I	S	I	V	N	H	L	A	O	M	O	H
L	R	S	Q	O	I	A	N	M	R	K	O	S	T	D	X	M	G	N	E
A	A	E	Q	H	N	T	Y	E	N	T	E	I	E	L	U	P	N	I	A
Y	W	M	P	T	E	T	L	E	X	I	M	Z	I	N	E	E	O	C	D
I	D	A	S	N	B	E	R	N	R	E	A	V	I	L	A	T	I	S	S
N	R	G	D	Y	S	L	V	O	D	E	E	T	I	C	L	I	S	C	E
G	A	O	L	S	E	K	S	I	L	S	Y	T	R	I	J	T	I	K	T
O	H	E	X	X	K	S	A	T	R	L	E	A	E	E	T	I	V	R	F
O	Y	D	X	D	E	F	H	A	Z	D	E	D	L	N	T	O	E	O	O
E	V	I	T	C	A	R	E	T	N	I	D	R	S	P	R	N	L	W	S
Y	I	V	C	I	M	E	T	S	Y	S	C	R	S	T	I	E	E	T	O
P	L	A	T	F	O	R	M	Y	Z	C	U	I	A	H	R	T	T	E	R
M	S	A	X	D	T	E	R	A	W	T	F	O	S	H	A	F	L	N	C
M	E	T	E	C	H	N	O	L	O	G	Y	Q	P	U	J	L	Y	U	I
C	O	N	S	O	L	E	X	P	E	N	S	I	V	E	M	I	O	A	M
D	Y	U	K	E	R	C	T	F	F	G	V	G	P	U	O	X	M	Q	A

Answer 1.06: Computer Animation

T	S	E	G	A	M	I	C	P	E	F	T	F	E	C	N	F	L	I	T
L	F	R	S	T	N	A	M	U	H	M	O	S	I	E	L	I	K	D	C
N	A	M	E	C	R	H	K	K	L	O	Y	T	S	Z	D	L	K	R	P
S	K	G	O	T	I	A	X	V	E	V	S	H	T	U	N	M	O	E	L
M	R	J	O	V	C	H	L	J	P	I	T	R	W	K	O	S	G	A	A
O	S	O	L	W	E	A	P	U	L	N	O	E	E	E	I	T	N	M	U
R	N	E	L	I	M	M	R	A	P	G	R	E	E	R	S	O	I	W	T
S	L	E	J	O	Y	O	E	A	R	O	Y	D	N	H	I	P	D	O	R
A	L	A	N	A	C	R	T	N	H	G	P	I	I	S	V	M	A	R	I
Y	S	A	T	N	A	F	L	I	T	C	R	M	N	D	E	O	H	K	V
U	E	A	N	I	M	A	T	I	O	N	G	E	G	U	L	T	S	S	X
J	X	A	R	N	G	T	I	M	E	N	M	N	T	B	E	I	P	M	F
T	P	Y	E	E	D	I	P	J	I	I	P	S	I	U	T	O	G	P	U
V	E	X	D	E	J	L	D	R	D	Q	I	I	E	H	P	N	Z	C	R
Y	N	P	O	R	I	G	E	O	P	I	X	O	C	R	P	M	U	O	C
O	S	K	M	C	K	D	W	Y	Y	G	E	N	J	T	U	R	O	C	G
E	I	E	A	S	N	T	O	Y	P	B	L	A	P	G	U	T	O	C	J
Q	V	T	M	E	R	A	W	T	F	O	S	L	X	V	E	R	X	M	E
L	E	F	R	A	M	O	T	I	O	N	C	A	P	T	U	R	E	E	A
D	R	A	W	T	G	P	E	S	A	J	A	N	F	R	A	M	E	S	T

Answer 1.07: Green Energy

N	A	T	U	R	A	L	D	Y	X	L	P	H	Z	L	E	L	H	L	K
E	C	R	U	O	S	E	R	E	T	A	W	R	D	I	R	B	Y	H	N
G	S	V	E	F	A	S	E	N	I	B	R	U	T	D	N	I	W	Y	A
O	L	R	R	E	N	E	W	A	B	L	E	E	N	E	R	G	Y	D	E
R	E	A	B	S	O	L	A	R	P	A	N	E	L	S	I	F	I	R	L
D	U	R	I	Z	M	C	A	N	O	I	T	A	V	R	E	S	N	O	C
Y	F	E	O	S	U	I	I	L	S	N	O	I	T	A	R	E	N	E	G
H	L	C	E	L	R	H	C	T	T	N	E	I	C	I	F	F	E	L	O
Y	I	Y	N	E	G	E	O	T	H	E	R	M	A	L	P	O	W	E	R
D	S	C	E	U	A	V	V	M	E	R	R	C	N	O	B	R	A	C	E
R	S	L	R	F	T	C	W	O	V	V	E	N	O	I	S	U	F	T	W
O	O	I	G	O	A	I	N	A	R	Y	I	W	A	A	Q	C	U	R	O
P	F	N	Y	I	E	R	S	E	V	T	M	S	O	T	L	F	T	I	P
O	L	G	Z	B	H	T	M	M	E	E	N	H	N	P	I	B	U	C	D
W	O	A	P	N	U	C	L	E	A	R	P	O	W	E	R	V	R	I	N
E	C	N	E	D	N	E	P	E	D	D	G	O	C	X	P	A	E	T	I
R	J	T	I	D	A	L	P	O	W	E	R	J	W	Q	F	X	L	Y	W
T	J	L	A	T	N	E	M	N	O	R	I	V	N	E	W	U	E	O	G
H	T	E	C	H	N	O	L	O	G	Y	D	C	U	R	R	E	N	T	S
G	A	S	S	A	M	O	I	B	L	W	Z	R	S	P	H	M	I	Z	O

Answer 1.08: The Sims

M	T	D	L	C	J	R	F	P	E	C	H	A	R	A	C	T	E	R	S
A	C	L	F	R	I	E	N	D	S	H	S	E	I	L	I	M	A	F	V
E	C	O	E	E	P	O	P	U	L	A	R	P	I	T	A	Z	A	I	W
X	P	H	L	A	L	U	R	S	T	R	A	T	E	G	Y	T	R	R	H
T	H	E	P	T	A	R	E	R	U	T	I	N	R	U	F	T	V	S	V
D	G	S	O	I	Y	U	C	H	O	I	C	E	S	K	U	G	T	K	U
P	A	U	E	V	I	T	C	A	R	E	T	N	I	A	N	R	H	C	O
M	M	O	P	E	N	E	E	C	X	U	B	S	L	U	A	O	G	A	U
E	I	H	Y	Z	G	L	W	K	P	U	H	R	P	C	B	T	I	P	L
Y	N	O	I	T	A	L	U	M	I	S	E	F	I	L	R	A	R	N	V
I	G	U	U	V	I	Z	O	L	E	A	J	N	R	Z	U	L	W	O	R
D	E	S	I	G	N	C	D	B	L	M	O	O	A	D	B	U	L	I	S
L	V	E	B	Z	S	I	M	I	C	R	A	U	N	F	U	M	L	S	Q
A	W	P	F	E	N	A	T	I	T	O	X	G	A	L	S	I	I	N	M
I	F	A	I	G	X	Y	W	C	S	M	N	L	O	L	I	S	W	A	O
C	P	R	Z	I	T	N	E	M	N	I	A	T	R	E	T	N	E	P	Q
O	E	T	S	I	M	L	I	S	H	K	P	S	R	J	D	Z	E	X	B
S	T	Y	O	N	E	I	G	H	B	O	R	H	O	O	D	I	O	E	A
G	S	B	N	F	D	J	T	T	H	Q	M	O	F	B	L	B	V	F	V
O	D	X	J	J	F	X	T	S	O	R	B	E	W	S	X	W	L	T	P

Answer 1.09: Night of the Living Dead

A	U	S	L	Z	V	I	K	O	Z	Z	S	S	O	R	C	T	L	U	C
Y	R	E	T	E	M	E	C	H	V	W	H	A	O	Y	D	O	O	L	B
X	O	A	P	A	S	U	R	V	I	V	E	R	U	N	D	E	A	D	N
Q	V	B	B	E	I	R	F	E	W	P	R	T	M	I	B	S	K	E	M
T	O	I	G	R	L	D	U	A	N	E	J	O	N	E	S	E	G	U	H
W	B	A	C	S	A	P	K	N	T	N	U	K	W	I	G	I	I	F	M
N	I	G	H	T	B	B	O	K	P	N	L	A	C	F	R	B	O	I	A
K	G	K	D	O	I	L	M	E	K	S	G	C	C	A	O	M	I	L	U
E	C	R	F	R	N	M	A	M	P	Y	U	T	P	R	U	O	N	M	D
R	U	A	M	Y	N	N	S	C	K	L	N	O	K	M	N	Z	E	Y	X
Z	U	D	T	N	A	L	T	M	K	V	C	R	X	H	D	E	Y	S	O
M	J	R	O	T	C	E	R	I	D	A	F	S	C	O	B	S	F	T	Y
N	O	X	A	R	A	U	T	S	L	N	N	I	T	U	R	C	L	E	X
Z	H	N	B	L	I	R	P	Y	G	I	M	D	R	S	E	A	E	R	H
A	N	E	S	T	E	G	P	N	E	A	E	N	W	E	A	P	S	I	W
U	N	W	C	T	N	S	I	S	E	Q	U	E	L	H	K	E	H	O	J
N	Y	M	A	T	E	L	P	N	I	A	M	O	D	C	I	L	B	U	P
D	O	E	R	T	L	R	M	S	A	E	X	H	U	D	N	T	F	S	Q
G	H	E	Y	I	O	F	S	P	Z	L	B	F	O	F	G	G	E	L	G
T	V	J	K	C	E	L	I	V	E	T	I	B	R	J	R	H	O	Y	A

Answer 1.10: Eclipse

S	B	Q	N	P	L	P	X	X	S	E	A	J	C	O	R	O	N	A	M
S	H	T	R	A	E	Z	I	S	E	V	E	N	T	Y	B	Y	R	E	Y
D	D	N	A	S	A	E	T	E	L	P	M	O	C	S	R	B	T	M	T
P	L	Z	Y	S	K	G	X	R	K	I	T	I	E	O	H	S	D	I	H
N	L	F	P	E	N	U	M	B	R	A	U	R	T	B	Y	O	J	T	O
F	K	R	N	S	E	K	C	A	L	B	V	S	D	S	L	I	N	E	L
J	T	E	S	P	I	L	C	E	L	A	I	T	R	A	P	T	M	N	O
U	V	Q	I	Q	J	B	C	B	T	H	W	A	C	M	R	P	Z	X	G
N	Z	U	Q	N	C	L	N	I	O	O	L	I	P	H	O	K	R	W	Y
B	P	E	H	B	I	O	O	P	D	O	M	T	L	B	L	O	C	K	X
K	O	N	S	P	E	N	V	A	S	O	K	N	A	L	Q	R	N	L	E
F	R	T	S	P	G	P	H	E	N	O	M	E	N	O	N	B	A	D	S
N	F	E	H	Z	A	S	T	O	R	U	Z	M	E	V	F	I	U	H	R
P	L	X	Z	G	M	E	R	A	R	E	A	N	T	E	T	T	B	X	E
S	S	U	Q	E	I	T	K	P	W	K	D	G	S	S	I	S	G	S	V
A	T	V	N	C	S	L	H	N	E	M	Q	I	E	N	Y	M	A	U	I
W	L	A	S	A	E	C	N	E	I	C	S	L	G	Z	T	H	G	I	N
W	G	E	R	P	R	M	R	U	V	L	E	A	Y	H	P	V	F	O	U
W	M	F	Z	S	Y	G	X	O	S	C	M	G	H	R	X	L	G	K	Q
U	Y	K	R	P	Y	L	F	N	K	A	Y	A	E	J	L	Q	O	O	C

Answer 1.11: Gravity

N	U	N	H	U	Y	L	A	W	S	C	I	E	N	T	I	F	I	C	E
H	O	B	O	X	R	G	P	R	C	O	N	S	T	A	N	T	G	R	M
S	Z	I	F	N	O	G	A	L	I	L	E	O	G	A	L	I	L	E	I
U	R	O	T	C	E	V	C	O	N	V	E	C	T	I	O	N	H	T	T
N	L	D	F	A	H	M	H	U	A	I	E	D	H	Q	S	T	L	T	E
A	A	W	W	J	T	J	O	S	H	E	M	Y	G	U	R	K	P	A	C
R	S	V	S	G	S	O	S	N	C	D	A	T	I	A	O	I	Z	M	A
U	T	H	E	G	N	N	R	O	E	O	A	I	E	N	M	S	Y	K	P
N	R	L	D	N	O	O	A	I	M	H	I	C	W	T	Z	A	E	R	S
I	O	D	I	I	T	O	T	T	M	W	P	O	T	U	Y	A	Y	A	T
V	N	I	T	L	W	M	S	A	U	E	I	L	C	M	G	C	T	D	I
E	O	O	T	L	E	I	S	U	T	P	C	E	A	G	L	N	I	N	B
R	M	D	R	A	N	S	N	Q	N	L	N	V	R	R	N	E	V	I	R
S	Y	H	O	F	R	G	U	E	A	A	I	E	T	A	U	W	I	E	O
E	G	F	Q	S	K	E	Z	D	U	N	R	P	T	V	S	T	T	T	B
G	R	O	U	N	D	T	L	L	Q	E	P	A	A	I	E	O	A	S	V
T	E	X	P	E	R	I	M	E	N	T	W	C	T	T	H	N	L	N	I
N	N	H	V	P	H	Y	S	I	C	S	A	S	Y	Y	T	C	E	I	M
E	E	C	R	O	F	U	Q	F	E	C	S	E	L	A	O	C	R	E	K
S	V	O	B	J	E	C	T	S	O	L	A	R	S	Y	S	T	E	M	V

Answer 1.12: Anime

N	M	D	R	A	W	I	N	G	S	E	I	R	E	S	E	N	E	C	S
B	A	N	E	G	Q	H	H	P	O	P	U	L	A	R	S	T	O	R	Y
N	N	R	T	J	U	V	E	U	Q	I	N	H	C	E	T	L	H	Z	H
F	G	C	U	G	A	N	O	N	Z	B	N	U	M	T	S	R	S	W	M
Z	A	R	P	T	Q	P	D	U	T	R	I	A	W	C	O	M	I	C	S
A	M	A	M	U	O	R	A	A	L	A	G	G	N	A	F	D	L	O	T
H	Q	O	O	S	I	A	D	N	M	O	I	Y	H	R	P	S	G	T	U
H	J	E	C	C	N	V	R	U	E	N	O	I	T	A	M	I	N	A	N
E	I	Y	A	O	E	O	O	D	S	S	U	O	V	H	I	U	E	K	O
X	N	Y	C	N	N	A	I	I	K	Y	E	T	U	C	F	R	A	U	I
Z	T	I	T	O	J	V	K	S	C	A	R	T	O	O	N	S	R	G	T
Q	E	U	I	I	U	Z	E	U	S	E	Q	P	O	K	E	M	O	N	O
R	R	F	O	T	P	L	C	N	Z	E	A	D	U	L	T	S	W	I	M
E	N	B	N	C	T	M	Z	Y	T	E	R	C	I	G	A	M	U	B	R
P	E	C	H	I	L	D	R	E	N	I	T	P	T	Z	X	X	Z	B	O
O	T	E	T	F	C	L	G	L	A	S	O	U	X	I	H	X	Y	U	F
R	G	B	F	E	N	T	E	R	T	A	I	N	M	E	N	T	S	D	T
G	U	Z	I	Q	L	A	R	G	E	E	Y	E	S	A	M	G	E	T	R
S	T	Y	L	I	Z	E	D	Y	T	E	L	E	V	I	S	I	O	N	A
D	G	G	M	F	C	Y	U	E	B	K	Y	A	L	P	S	O	C	W	A

Answer 1.13: Robot Workers

J	Y	N	S	U	H	V	L	S	S	M	F	H	E	E	S	P	A	C	E
O	R	V	A	C	U	U	M	S	A	D	G	K	L	J	C	S	R	C	G
B	T	N	R	E	F	S	M	C	W	R	I	J	S	M	O	V	I	N	G
S	S	G	E	O	E	U	H	A	O	L	H	O	Y	B	M	V	A	E	X
T	U	C	N	R	T	I	Y	B	N	P	W	O	R	K	E	R	R	Q	E
H	D	T	I	I	N	O	Y	A	Y	O	K	A	A	D	L	C	T	F	V
G	N	W	L	E	R	C	M	K	U	M	I	X	T	Y	N	T	I	G	H
I	I	B	Y	F	N	U	O	V	Y	N	Y	D	I	R	Y	A	F	W	N
L	Q	F	L	X	H	C	T	N	E	G	I	L	L	E	T	N	I	W	Z
A	A	D	B	G	L	T	E	C	T	W	Q	S	I	G	W	R	C	N	J
T	N	E	M	E	V	O	M	F	A	R	B	G	M	R	C	B	I	B	P
I	F	S	E	C	S	B	C	L	I	F	O	A	G	U	E	W	A	J	D
G	I	I	S	O	D	O	K	R	O	C	U	L	Y	S	E	M	L	Z	A
I	A	G	S	M	M	R	F	M	A	T	T	N	L	R	J	E	O	J	N
D	W	N	A	P	A	E	B	T	O	C	A	I	A	E	O	V	N	T	C
I	I	B	U	A	S	L	T	M	W	P	Y	W	O	M	D	T	O	S	E
A	M	T	I	N	I	E	A	A	A	A	D	V	I	N	I	Y	C	M	W
M	E	S	Y	I	M	T	K	J	L	R	R	N	A	Y	S	X	X	A	Y
R	R	U	O	O	O	S	O	Q	A	C	P	E	R	U	T	U	F	R	F
O	R	B	A	N	V	K	C	H	C	R	A	E	S	E	R	P	W	T	Q

Answer 1.14: Your Brain

G	C	C	O	M	P	L	E	X	J	L	W	G	X	X	W	P	D	P	E
J	S	R	E	T	T	I	M	S	N	A	R	T	O	R	U	E	N	E	S
B	E	H	O	R	M	O	N	E	S	O	B	Q	W	S	K	U	L	L	E
X	S	B	E	M	E	N	T	A	L	J	H	H	C	R	A	E	S	E	R
I	P	V	T	L	D	B	J	X	W	F	K	B	D	T	F	E	L	N	E
V	A	F	I	O	U	B	R	A	I	N	S	T	E	M	M	Q	D	D	H
W	N	E	S	R	L	R	F	A	Y	R	O	M	E	M	M	O	Z	I	P
C	Y	D	S	T	L	Q	R	M	L	Y	N	I	N	O	T	O	R	E	S
R	S	V	U	N	A	C	O	N	S	C	I	O	U	S	N	E	S	S	I
B	T	L	E	O	W	T	N	E	R	V	O	U	S	S	Y	S	T	E	M
S	H	X	I	C	A	E	T	S	V	M	O	R	I	G	H	T	S	C	E
V	G	P	M	N	N	G	A	P	F	U	N	C	T	I	O	N	E	O	H
C	U	D	A	D	G	A	L	I	S	L	L	E	C	E	A	T	C	G	D
R	O	N	G	F	A	M	L	N	A	L	V	L	U	X	X	S	T	N	I
S	H	I	I	N	O	A	O	A	S	E	N	S	O	R	Y	H	I	I	G
F	T	M	N	R	W	D	B	L	B	B	A	N	W	B	N	N	O	T	V
H	L	R	G	J	D	Z	E	C	N	E	G	I	L	L	E	T	N	I	J
M	D	A	O	G	U	A	F	O	C	R	A	N	I	U	M	S	S	V	C
D	N	X	H	K	R	R	W	R	V	E	R	T	E	B	R	A	T	E	B
I	Q	G	E	N	E	I	Y	D	B	C	N	Y	R	Y	F	D	D	A	Z

Answer 1.15: Digimon

C	P	H	A	T	C	H	Q	R	Z	M	O	V	I	E	S	D	I	K	Z
F	C	A	U	J	L	A	J	G	R	E	I	T	N	O	R	F	V	K	Y
W	S	K	R	S	T	I	R	O	W	E	T	M	D	Z	Y	N	A	S	M
C	R	G	J	A	Q	I	F	T	S	I	G	L	P	H	U	E	G	R	C
R	S	W	G	A	L	S	F	E	O	F	R	I	O	X	S	R	U	E	R
N	H	N	C	I	N	L	N	L	C	O	V	K	W	R	Z	U	M	T	E
F	A	V	U	A	P	A	E	E	W	Y	N	P	E	H	F	T	O	C	A
M	S	J	R	V	P	Y	D	L	X	E	C	T	R	N	T	N	N	A	T
G	O	T	S	A	R	L	A	J	U	A	S	L	O	N	S	E	T	R	U
O	Z	R	J	N	A	T	I	A	R	N	O	M	E	N	G	V	U	A	R
V	O	L	W	D	I	E	V	U	O	V	I	M	F	I	G	D	B	H	E
X	L	F	D	G	E	Z	H	M	I	V	N	V	L	V	E	A	Y	C	S
P	S	V	I	U	L	O	L	R	E	I	U	L	E	L	N	D	R	I	E
M	R	D	P	K	T	A	T	D	A	S	E	U	Y	R	Q	D	N	M	I
Y	E	S	Y	O	T	U	G	T	A	T	Y	P	U	X	S	A	E	O	R
W	M	E	D	I	A	F	R	A	N	C	H	I	S	E	C	E	Q	C	E
H	A	S	G	L	B	E	V	I	D	E	O	G	A	M	E	S	F	R	S
D	T	I	P	Z	T	E	L	E	V	I	S	I	O	N	F	N	R	A	V
C	D	E	X	N	O	I	T	A	M	I	N	A	N	G	E	M	O	N	T
F	T	C	E	M	A	G	D	R	A	C	H	I	L	D	R	E	N	Q	J

Answer 1.16: The Avengers

F	V	Y	R	E	T	S	Y	M	U	T	A	N	T	S	Z	O	F	R	N
N	S	Q	N	A	M	R	E	D	I	P	S	Y	T	H	G	I	M	C	O
B	S	E	Y	K	N	A	A	G	U	D	L	A	L	I	E	N	S	A	I
E	T	E	A	O	L	H	R	N	R	H	N	R	R	R	Z	L	W	S	T
G	H	A	I	V	V	U	I	V	H	L	L	M	S	S	W	W	P	E	C
G	G	S	C	R	E	V	H	K	E	A	F	E	I	C	Y	A	A	Z	A
P	I	O	U	S	E	N	V	E	N	L	O	Y	T	A	B	A	S	L	R
V	F	W	K	R	R	S	G	O	H	F	C	R	N	P	R	N	G	P	T
S	Z	S	S	E	D	E	I	E	E	T	O	O	A	T	I	W	Y	H	O
W	U	E	Z	O	O	T	W	H	R	T	R	U	M	A	K	Q	O	D	O
S	C	O	M	I	C	B	O	O	K	S	I	Y	L	I	K	R	E	V	N
T	J	R	M	I	T	P	N	K	P	D	A	L	L	N	C	T	B	A	T
X	D	E	F	C	O	C	E	Z	X	N	I	S	M	A	A	S	M	M	Z
S	L	H	B	E	R	U	E	L	T	V	E	A	S	M	J	N	F	H	T
W	P	R	L	Y	D	Y	V	M	T	C	E	T	I	E	O	T	H	J	R
D	F	E	V	E	O	X	A	Y	I	T	O	N	F	R	M	U	T	E	B
C	P	P	Z	K	O	N	S	T	T	B	A	N	I	I	Z	B	H	Z	U
R	K	U	X	W	M	G	S	C	O	R	U	B	Q	C	Y	U	L	Z	W
B	W	S	N	A	M	U	H	R	E	P	U	S	K	A	X	U	W	E	M
C	T	T	Z	H	J	Q	W	Z	T	A	H	A	S	G	E	J	S	W	F

Answer 1.17: Twitter

X	V	F	G	N	I	T	I	R	W	A	U	T	H	O	R	Y	E	P	T
Q	F	O	L	L	O	W	I	N	G	H	P	R	E	N	I	L	N	O	I
S	G	D	S	T	K	I	O	A	Y	P	D	O	P	F	M	K	O	T	B
A	H	N	B	F	S	U	T	Y	I	K	A	H	E	S	N	A	H	F	N
H	C	A	I	Z	V	R	T	A	T	D	T	S	S	T	S	O	P	S	C
F	C	C	R	K	F	I	E	P	M	T	E	N	R	E	T	N	I	S	H
K	R	A	D	E	R	C	I	T	V	R	S	M	H	G	C	E	R	B	O
O	V	I	S	B	V	O	M	I	C	R	O	B	L	O	G	G	I	N	G
O	J	H	E	T	N	Y	W	Y	T	A	X	F	M	A	Y	T	X	E	T
B	R	L	R	N	G	E	F	T	S	Y	R	M	N	G	I	F	R	E	E
E	E	T	W	A	D	N	W	K	E	P	U	A	N	I	P	C	C	N	C
C	T	F	C	T	L	S	I	S	X	N	A	A	H	T	E	V	O	I	H
A	W	A	O	S	L	U	R	G	I	J	L	C	S	C	O	H	M	S	N
F	E	I	N	N	T	O	P	C	A	S	W	A	E	A	P	M	P	T	O
D	E	L	T	I	D	A	A	O	N	S	C	S	I	L	L	S	U	E	L
G	T	W	A	K	Q	T	T	X	P	D	S	S	L	C	E	D	T	E	O
V	W	H	C	B	I	K	Y	U	A	K	E	E	B	H	O	W	E	W	G
I	Y	A	T	O	L	Q	L	O	S	N	C	G	M	F	Q	S	R	T	Y
C	J	L	N	A	W	O	R	L	D	W	I	D	E	L	I	F	O	R	P
N	H	E	T	I	S	B	E	W	J	U	B	X	Q	G	U	V	G	J	E

Answer 1.18: Apple

F	C	K	S	G	R	A	P	H	I	C	S	W	S	V	L	K	N	S	D
J	O	O	I	N	P	P	E	O	N	A	N	D	O	P	I	O	T	D	I
X	R	O	M	I	Z	P	V	L	E	Y	S	L	D	L	H	E	G	A	G
K	P	B	P	P	G	L	I	P	W	E	J	I	L	H	V	R	N	O	I
O	O	R	L	O	U	E	S	A	T	L	I	E	L	E	E	E	S	L	T
O	R	E	E	D	B	T	N	W	O	L	R	Y	W	T	E	U	E	N	A
B	A	W	T	S	C	V	E	M	N	A	D	O	U	R	T	N	R	W	L
I	T	O	N	H	U	T	P	R	P	V	Z	P	C	I	I	I	O	O	D
P	I	P	I	U	P	B	X	P	S	N	M	S	A	T	S	T	T	D	I
O	O	O	S	F	E	S	E	M	I	O	H	E	M	U	B	E	S	D	S
D	N	T	A	F	R	M	U	A	C	C	F	D	I	N	E	D	X	Y	T
T	Z	P	F	L	T	S	K	L	U	I	M	T	E	E	W	S	U	J	R
O	X	A	A	E	I	J	A	O	L	L	T	I	W	S	O	T	G	E	I
U	I	L	R	C	N	N	T	I	V	I	K	K	C	A	K	A	J	N	B
C	A	L	I	F	O	R	N	I	A	S	N	H	H	R	R	T	X	O	U
H	M	E	T	S	Y	S	G	N	I	T	A	R	E	P	O	E	O	H	T
A	M	E	R	I	C	A	N	S	T	E	V	E	J	O	B	S	V	P	I
M	T	E	C	H	N	O	L	O	G	Y	N	A	P	M	O	C	O	I	O
U	P	R	O	D	U	C	T	S	W	O	D	N	I	W	R	N	N	F	N
Y	V	Q	N	E	T	I	H	W	T	I	I	E	H	Z	O	Z	A	G	T

Answer 1.19: Dinosaurs

J	R	M	U	S	E	U	M	B	X	K	E	L	I	T	P	E	R	P	E
I	F	I	D	W	L	V	W	G	I	A	N	T	T	S	A	F	L	V	B
N	G	D	C	O	H	I	S	T	O	R	Y	T	A	E	M	K	I	N	G
E	R	M	N	I	I	O	S	I	S	E	D	F	Z	G	I	S	Z	K	U
N	E	C	O	P	R	R	J	S	N	G	B	S	K	R	S	N	A	H	U
A	E	O	I	D	Z	O	E	R	O	V	I	N	R	A	C	A	R	U	S
V	N	H	T	A	E	D	T	P	I	F	D	N	M	L	S	G	D	N	F
S	O	T	U	J	U	R	A	S	S	I	C	P	A	R	K	G	W	T	X
H	R	E	L	G	X	T	S	J	I	U	I	O	K	M	F	R	D	E	K
T	T	E	O	C	E	N	C	R	V	H	O	W	Z	O	U	E	I	R	A
S	H	T	V	L	I	I	I	D	R	J	E	E	U	N	N	S	N	E	P
B	A	P	E	X	P	R	E	D	A	T	O	R	C	T	O	S	O	G	A
Z	M	W	U	A	S	P	N	L	L	A	T	F	P	A	I	I	S	N	H
A	E	V	E	V	K	T	C	I	U	O	N	U	H	N	T	V	A	E	R
V	R	Z	Q	S	E	O	E	Q	C	V	M	L	P	A	C	E	U	V	O
O	I	Y	G	O	L	O	T	N	O	E	L	A	P	R	N	M	R	A	I
S	C	M	O	C	E	F	S	T	N	L	A	D	E	P	I	B	S	C	I
H	A	L	I	A	T	B	G	N	I	N	N	U	R	D	T	G	K	S	I
G	T	H	E	R	O	P	O	D	B	K	M	Q	D	H	X	L	H	Y	A
O	M	D	S	E	N	O	B	F	E	A	R	S	O	M	E	M	N	T	V

Answer 2.01: Mario

W	B	H	M	A	S	C	O	T	X	S	K	N	G	P	U	Z	Z	L	E
V	S	S	M	G	J	U	M	P	I	N	G	O	O	M	B	A	O	T	Y
Z	C	N	H	O	U	M	P	T	S	U	O	R	E	H	Y	O	B	B	B
E	Q	J	I	O	V	M	M	E	H	A	D	V	E	N	T	U	R	E	U
H	P	A	F	O	R	I	A	L	R	C	I	N	O	S	C	P	O	T	I
C	H	A	R	A	C	T	E	R	A	M	F	A	D	J	C	L	T	Z	J
A	T	S	A	D	J	N	O	F	I	N	A	A	S	P	R	U	H	G	T
T	O	M	O	D	G	N	I	K	M	O	O	R	H	S	U	M	E	H	T
S	V	Z	X	A	C	R	U	A	S	T	P	I	I	V	N	B	R	C	E
U	E	J	Y	A	E	S	R	L	S	D	N	A	T	O	U	E	S	A	R
M	R	A	S	B	P	I	H	S	E	Q	I	A	R	C	B	R	K	E	K
S	A	T	A	O	O	M	E	T	M	O	N	P	O	T	I	R	F	P	G
L	L	L	R	K	D	C	A	I	A	B	T	O	C	E	Y	F	O	S	M
E	L	T	A	P	N	M	Y	I	G	R	E	O	V	S	T	A	R	S	Y
V	S	R	K	I	I	Z	X	G	O	Q	N	K	L	B	O	W	S	E	R
E	T	D	R	N	P	H	A	I	E	G	D	G	X	O	K	I	B	C	N
L	T	P	A	P	N	A	L	U	D	D	O	N	K	E	Y	K	O	N	G
O	S	Y	F	C	I	T	A	L	I	A	N	I	R	Y	O	S	H	I	F
B	H	R	A	C	I	N	G	A	V	V	Y	K	A	H	W	G	F	R	T
L	R	M	Q	T	W	T	I	W	G	U	A	R	A	L	U	P	O	P	G

Answer 2.02: Arnold Schwarzenegger

M	I	M	G	N	A	C	I	L	B	U	P	E	R	O	I	N	U	J	T
U	N	A	E	A	A	X	Z	R	U	N	N	I	N	G	M	A	N	J	U
S	V	A	X	N	M	V	T	E	S	R	E	V	I	N	U	R	M	E	Y
C	L	S	M	E	O	N	O	R	I	G	N	I	P	M	U	P	T	P	P
L	T	Y	N	R	D	A	T	M	N	G	G	M	L	I	F	H	O	R	K
E	N	L	A	T	E	M	A	R	E	J	O	X	A	S	E	C	E	A	E
S	E	I	D	P	L	G	L	O	S	U	N	V	N	T	N	V	I	E	N
E	C	M	O	W	M	N	R	L	S	E	K	S	E	E	I	Y	P	U	N
L	C	A	A	Y	O	O	E	Y	M	G	S	R	T	R	Q	U	O	X	E
U	A	F	R	I	V	R	C	M	A	P	M	R	H	O	N	E	L	Q	D
C	U	W	G	E	I	T	A	P	N	I	A	S	O	I	T	A	I	Q	Y
R	S	C	Y	D	E	S	L	I	N	G	A	N	L	D	N	T	T	N	T
E	T	A	O	T	S	R	L	A	R	I	A	I	L	S	A	S	I	O	I
H	R	M	O	N	T	M	T	E	R	I	F	W	Y	V	R	E	C	I	R
B	I	E	J	L	A	O	D	A	R	P	J	T	W	G	G	I	S	T	B
I	A	R	Z	E	R	N	M	A	A	I	N	R	O	F	I	L	A	C	E
G	N	I	D	L	I	U	B	Y	D	O	B	C	O	L	M	E	O	A	L
R	L	C	I	K	P	R	E	D	A	T	O	R	D	F	M	U	X	Q	E
V	B	A	Q	F	A	M	O	U	S	G	A	E	O	L	I	R	J	W	C
D	M	N	M	B	I	V	V	C	M	D	O	T	H	E	A	T	E	R	U

Answer 2.03: George Lucas

D	C	F	R	E	T	S	U	B	K	C	O	L	B	K	S	S	C	N	N
D	A	I	N	R	O	F	I	L	A	C	I	P	E	W	D	A	U	G	W
O	R	L	H	I	G	R	E	B	L	E	I	P	S	N	E	V	E	T	S
O	E	M	C	A	E	F	K	E	R	U	T	N	E	V	D	A	E	R	T
W	M	M	I	N	T	G	R	A	P	H	I	C	S	K	L	P	N	S	C
Y	A	A	R	O	T	C	E	R	I	D	F	Q	E	D	E	F	T	C	E
L	C	K	F	I	D	E	J	E	H	T	F	O	N	R	U	T	E	R	F
L	R	E	K	L	A	W	Y	K	S	R	A	L	O	H	Q	N	R	E	F
O	U	R	C	L	S	T	A	R	W	A	R	S	J	T	E	E	T	E	E
H	Y	F	X	I	C	J	E	K	F	K	G	E	A	H	R	D	A	N	L
G	C	I	S	B	N	S	O	O	U	S	N	V	N	E	P	N	I	W	A
M	L	I	F	S	A	C	U	L	G	E	A	I	A	F	R	E	N	R	I
S	O	S	C	I	E	N	C	E	F	I	C	T	I	O	N	P	M	I	C
E	N	Z	R	P	D	C	S	C	R	V	I	A	D	R	O	E	E	T	E
R	E	E	R	A	C	P	C	J	A	O	R	E	N	C	T	D	N	E	P
I	S	P	T	R	A	S	I	U	X	M	E	R	I	E	S	N	T	R	S
E	S	I	H	C	N	A	R	F	S	U	M	C	W	K	E	I	W	Q	S
S	O	X	E	A	C	A	D	E	M	Y	A	W	A	R	D	S	E	G	W
N	B	A	F	P	C	P	R	O	D	U	C	E	R	S	O	U	N	D	E
U	R	R	H	X	B	T	U	X	C	I	D	U	L	A	M	E	N	I	C

Answer 2.04: Meteors

J	L	F	E	Q	S	I	R	B	E	D	X	T	B	I	I	B	E	L	T
H	G	I	H	O	T	R	A	A	D	C	P	E	Y	J	O	S	O	E	M
U	M	G	A	X	O	U	E	G	I	H	A	I	S	U	K	M	A	P	H
Q	R	J	U	R	F	M	T	W	L	V	Q	P	L	T	Y	K	S	N	N
L	H	E	A	R	T	A	W	I	O	C	P	D	S	E	E	T	A	M	D
E	Q	X	W	S	O	N	L	V	B	H	E	Y	T	K	X	M	N	P	J
Q	S	N	L	O	R	S	O	L	A	R	S	Y	S	T	E	M	O	T	K
L	I	K	I	U	H	A	P	I	I	A	O	K	H	I	G	I	O	C	T
C	L	A	A	N	V	S	T	X	T	N	S	C	A	T	W	Y	M	A	N
P	P	A	T	D	M	F	R	S	C	A	G	T	K	E	R	E	Q	P	M
C	Q	M	B	S	N	M	S	O	G	P	Z	S	R	O	R	A	T	M	E
D	Y	F	Y	E	U	S	N	L	E	N	H	I	T	O	E	T	E	I	S
C	E	M	P	A	R	D	L	A	B	T	I	C	N	A	N	H	S	H	O
I	R	E	J	H	M	I	C	R	O	M	E	T	E	O	R	O	I	D	S
D	Z	A	P	D	K	O	F	Z	V	J	N	M	O	R	I	A	M	M	P
Z	Z	T	T	S	R	R	T	X	A	Q	C	U	C	O	X	F	S	Y	H
U	V	G	K	E	D	E	H	R	A	T	M	O	S	P	H	E	R	E	E
U	L	E	H	E	R	T	T	W	I	P	L	A	N	E	T	S	A	F	R
M	E	I	F	Q	T	S	S	T	I	W	J	P	A	R	T	I	C	L	E
P	B	N	H	L	L	A	M	S	T	A	R	S	G	X	U	E	J	A	W

Answer 2.05: Internet

I	S	H	S	C	E	K	T	W	I	T	T	E	R	E	T	U	O	R	V
F	S	G	G	B	O	N	L	I	N	E	F	G	S	N	G	J	I	N	J
A	E	L	N	H	U	M	E	S	T	E	C	H	N	O	L	O	G	Y	F
C	L	A	I	I	B	V	M	W	E	B	S	E	R	V	E	R	R	W	P
E	E	B	M	F	G	U	T	U	R	I	S	W	E	B	P	A	G	E	E
B	R	O	A	D	B	A	N	D	N	R	V	X	J	S	C	C	N	A	L
O	I	L	E	A	Y	E	S	T	E	I	O	O	X	H	D	X	I	T	E
O	W	G	R	F	W	Z	X	S	T	F	C	R	M	O	O	S	K	H	B
K	M	W	T	S	V	E	W	S	E	J	P	A	Y	P	W	U	R	E	U
S	L	I	S	L	T	O	O	R	X	M	A	N	T	P	N	R	O	R	T
E	D	K	W	R	R	E	I	B	P	O	T	H	T	I	L	F	W	S	U
M	I	I	E	B	D	F	C	U	L	P	Y	N	O	N	O	I	T	M	O
A	P	P	L	I	C	A	T	I	O	N	S	D	A	G	A	N	E	U	Y
G	Y	E	V	S	K	N	I	L	R	E	P	Y	H	T	D	G	N	R	G
H	D	D	C	O	M	P	U	T	E	R	X	C	N	D	S	L	L	O	O
T	O	I	O	J	I	N	F	O	R	M	A	T	I	O	N	N	A	F	O
T	O	A	A	E	R	H	M	C	Z	Y	Z	B	L	O	G	G	I	N	G
P	H	F	C	L	S	O	F	T	W	A	R	E	S	E	A	R	C	H	L
D	A	O	L	P	U	T	B	E	W	E	D	I	W	D	L	R	O	W	E
X	Y	S	E	G	A	P	B	C	I	P	A	D	D	R	E	S	S	A	C

Answer 2.06: Nintendo DS

E	S	J	Y	R	E	T	T	A	B	V	I	D	E	O	G	A	M	E	S
S	Y	Z	E	L	O	S	N	O	C	E	M	A	G	Y	J	U	U	P	C
O	R	H	A	N	D	H	E	L	D	C	R	T	F	T	C	L	L	L	I
S	T	O	U	G	N	I	M	A	G	E	E	O	M	O	Z	K	T	L	H
A	X	E	L	S	D	X	N	Y	C	C	D	S	L	I	T	E	I	H	P
J	C	C	S	O	Y	U	I	H	Y	A	O	V	S	B	N	G	P	S	A
C	M	N	Q	A	C	H	A	R	G	E	R	N	R	O	H	G	L	U	R
L	A	X	I	K	E	R	T	L	T	M	E	O	T	T	R	G	A	L	G
T	W	M	H	N	G	L	R	S	S	I	F	I	W	R	S	I	Y	Y	E
V	G	C	E	E	T	N	E	E	R	C	S	H	C	U	O	T	E	T	L
I	Q	E	A	R	O	E	T	R	Y	R	R	G	J	F	F	L	R	S	E
E	E	B	D	R	A	M	N	S	W	O	W	E	N	Z	T	R	L	F	C
S	L	N	P	K	T	A	E	D	T	P	B	P	E	T	W	L	G	E	T
E	B	I	H	R	Y	R	J	B	O	H	E	E	T	N	A	T	H	A	R
N	A	O	O	R	C	I	I	R	D	O	S	R	M	M	R	N	N	T	O
A	T	Q	N	H	X	O	S	D	H	N	X	S	S	A	E	Z	I	U	N
P	R	L	E	U	R	B	B	K	G	E	H	O	Z	F	G	V	C	R	I
A	O	Q	S	K	F	R	F	E	O	E	S	N	O	T	T	U	B	E	C
J	P	T	A	H	C	O	T	C	I	P	S	A	E	O	K	O	Y	S	W
S	C	R	E	E	N	S	S	U	S	S	E	L	E	R	I	W	V	V	H

Answer 2.07: The Hobbit

W	N	V	M	E	T	I	A	D	V	E	N	T	U	R	E	E	D	Z	L
G	O	B	L	I	N	S	V	A	T	R	E	A	S	U	R	E	C	L	I
T	A	V	C	B	D	C	H	H	F	R	I	E	N	D	S	R	E	N	M
Z	E	Y	S	I	T	D	H	O	E	Z	K	K	M	X	E	D	P	C	F
S	R	L	N	R	S	P	L	I	R	R	L	E	G	A	N	D	A	L	F
D	P	E	O	U	L	S	F	E	L	T	O	M	T	E	T	S	E	U	Q
D	W	L	G	N	M	G	A	N	E	D	T	U	V	G	Y	N	S	N	Y
N	L	A	A	N	E	X	I	L	G	A	R	I	C	S	R	I	N	F	I
S	H	R	R	D	A	L	R	V	C	E	R	E	A	I	O	G	I	V	L
D	I	O	D	V	B	D	Y	S	S	S	J	T	N	Y	T	G	A	V	O
O	G	O	B	A	E	R	T	M	M	A	N	U	H	S	S	A	T	H	G
T	O	D	T	B	R	S	A	L	O	A	V	G	D	A	B	B	N	Q	R
K	L	T	W	Y	I	B	L	E	F	U	U	S	E	R	G	O	U	A	Y
X	L	E	U	N	I	T	E	D	K	I	N	G	D	O	M	B	O	Z	P
E	U	R	E	R	I	H	S	E	H	T	I	T	R	M	X	L	M	K	H
I	M	C	A	R	N	E	G	I	E	M	E	D	A	L	I	I	Y	T	F
V	Y	E	N	R	U	O	J	K	C	D	R	A	Z	I	W	B	T	E	M
O	O	S	Z	L	O	R	D	O	F	T	H	E	R	I	N	G	S	E	L
M	M	N	O	Z	F	B	Q	L	E	V	O	N	O	I	T	C	I	F	L
Z	P	J	J	O	M	T	W	U	W	D	L	A	C	I	G	A	M	V	C

Answer 2.08: Cartoon Network

N	R	E	N	R	U	T	D	E	T	J	P	T	O	O	N	A	M	I	I
A	P	T	R	E	N	J	C	B	N	R	S	R	A	W	E	N	O	L	C
R	A	H	O	N	O	D	O	X	O	A	W	M	K	S	O	T	S	H	T
U	I	E	B	R	I	Z	U	G	I	M	M	C	G	I	O	W	L	U	N
T	Z	J	O	A	T	S	R	A	W	R	A	T	S	M	P	R	R	S	E
O	J	E	T	W	A	A	A	J	Y	J	L	I	A	X	T	N	I	Y	M
B	T	T	C	E	M	W	G	S	P	O	V	N	Y	B	E	O	G	J	N
S	S	S	H	M	I	P	E	A	O	E	D	N	N	R	E	O	F	O	I
W	O	O	I	I	N	M	L	N	L	J	N	E	B	T	N	D	F	H	A
O	H	N	C	T	A	F	E	E	E	U	R	R	I	B	T	Y	U	N	T
H	G	S	K	G	I	Y	T	R	B	D	O	E	D	R	I	B	P	N	R
S	E	D	E	X	T	E	R	S	L	A	B	O	R	A	T	O	R	Y	E
E	C	I	N	U	L	Y	G	I	D	X	A	I	A	U	A	O	E	B	T
I	A	K	N	B	C	U	H	C	H	O	W	D	E	R	N	C	W	R	N
V	P	E	A	O	B	C	A	E	L	U	D	E	H	C	S	S	O	A	E
O	S	C	M	D	T	S	E	T	Y	N	N	H	O	J	G	P	P	V	T
M	S	E	N	O	T	S	T	N	I	L	F	H	T	U	O	Y	E	O	W
Q	D	O	M	I	W	S	T	L	U	D	A	L	E	N	N	A	H	C	O
Y	X	N	N	R	H	A	P	S	O	D	Y	R	A	B	B	I	T	Y	R
A	D	G	N	A	R	E	M	O	O	B	A	K	U	G	A	N	O	F	K

Answer 2.09: William Shatner

T	T	R	O	T	A	I	T	O	G	E	N	T	J	H	O	O	K	E	R
E	Q	C	A	N	A	D	I	A	N	A	I	D	E	M	O	C	B	N	E
N	O	E	N	O	Z	T	H	G	I	L	I	W	T	E	K	W	A	R	I
D	A	B	O	S	T	O	N	L	E	G	A	L	B	U	M	A	Z	Y	T
O	E	M	Y	M	U	I	L	E	O	N	A	R	D	N	I	M	O	Y	N
O	M	N	H	H	T	C	O	M	M	E	R	C	I	A	L	S	L	I	O
W	M	N	N	C	A	P	T	A	I	N	K	I	R	K	N	O	C	I	R
Y	Y	O	A	Y	T	Q	Y	U	K	R	I	K	T	S	E	M	A	J	F
L	A	I	T	F	C	I	D	S	U	O	M	A	F	B	R	I	F	T	M
L	W	T	E	H	R	R	P	S	P	A	C	E	T	A	D	J	E	T	N
O	A	C	L	W	G	N	A	E	R	A	W	N	E	R	V	E	H	H	O
H	R	I	E	B	O	L	G	N	E	D	L	O	G	B	E	E	F	O	V
M	D	F	V	S	Z	K	O	T	E	E	R	E	V	A	P	T	U	R	E
O	F	E	I	P	R	I	C	E	L	I	N	E	V	R	H	L	N	S	L
V	U	C	S	T	A	R	T	R	E	K	X	O	A	Y	H	W	N	E	I
I	T	N	I	E	S	L	U	P	M	I	I	C	C	C	X	T	Y	S	S
E	U	E	O	Q	C	H	A	R	A	C	T	E	R	O	H	T	U	A	T
S	R	I	N	K	Z	N	I	I	E	I	Q	B	E	A	M	M	E	U	P
R	E	C	U	D	O	R	P	S	C	A	N	A	M	S	E	K	O	P	S
M	I	S	S	C	O	N	G	E	N	I	A	L	I	T	Y	E	H	Y	E

Answer 2.10: YouTube

D	B	B	H	D	B	K	N	X	L	B	Z	I	Q	Q	S	Y	J	Q	V
O	R	O	S	H	O	W	S	P	I	L	C	E	I	V	O	M	D	V	Q
W	O	R	L	D	W	I	D	E	E	V	W	L	I	O	T	M	F	X	P
N	A	R	E	M	A	C	Q	O	I	U	A	D	M	N	C	E	F	X	R
L	D	E	T	A	R	E	N	E	G	R	E	S	U	L	M	D	M	C	M
O	C	T	H	C	T	A	W	W	I	O	Z	O	S	I	A	I	E	M	J
A	A	U	S	T	D	S	Y	V	B	S	C	E	I	N	M	A	T	A	P
D	S	P	F	O	H	C	Q	L	O	C	I	T	C	E	Y	K	I	N	C
M	T	M	S	F	N	G	O	C	A	T	N	I	V	F	G	D	S	V	T
X	Y	O	L	D	L	G	I	M	I	E	N	O	I	R	O	U	B	N	N
Q	O	C	E	B	G	A	S	R	M	G	U	H	D	A	L	R	E	Y	F
F	U	M	N	I	L	Z	B	N	Y	U	F	G	E	N	O	T	W	G	Q
Y	R	X	N	N	T	E	I	E	B	P	N	D	O	D	N	N	S	E	S
M	S	G	A	T	L	A	A	W	H	I	O	I	S	O	H	X	F	L	C
P	E	G	H	E	T	N	E	S	D	K	Y	C	C	M	C	R	F	G	I
W	L	X	C	R	C	R	E	A	T	I	V	E	A	A	E	V	Y	O	L
R	F	A	E	N	J	N	O	I	S	I	V	E	L	E	T	D	G	O	B
V	L	T	Y	E	F	L	A	S	H	S	T	R	E	A	M	I	N	G	U
A	N	K	I	T	P	E	R	S	O	N	A	L	A	E	L	P	O	E	P
E	Z	U	V	U	K	D	U	V	I	D	E	O	S	H	A	R	I	N	G

Answer 2.11: 35mm Film

B	B	P	T	I	O	S	E	T	E	L	O	S	B	O	C	T	U	H	I
K	S	L	J	D	E	V	E	L	O	P	M	E	N	T	K	T	P	M	M
T	H	E	A	T	E	R	T	A	C	S	A	R	E	M	A	C	R	J	A
V	U	U	O	C	D	K	W	U	E	E	G	U	A	G	M	L	I	F	G
M	J	O	R	Y	K	Y	M	N	C	A	P	T	U	R	E	N	N	O	E
I	H	G	H	H	F	A	L	A	K	F	G	C	C	U	W	E	T	C	S
S	X	Q	R	P	S	L	N	M	E	S	E	I	V	O	M	G	S	R	T
D	A	A	O	A	O	T	Z	D	K	X	N	P	F	H	F	A	O	E	A
N	I	A	L	R	I	S	I	I	W	E	P	N	L	U	A	T	O	V	N
J	I	L	O	G	P	N	P	L	M	H	O	O	J	J	C	I	N	L	D
E	Z	B	C	O	E	E	E	A	L	S	I	I	S	E	N	V	E	I	A
Q	P	X	I	T	R	L	S	I	I	C	F	T	J	U	M	E	E	S	R
K	T	M	N	O	F	C	S	D	Q	I	A	O	E	E	R	S	R	T	D
P	O	D	H	H	O	S	E	P	L	C	R	M	D	X	Q	E	C	Q	X
W	I	G	C	P	R	S	M	M	Y	P	B	I	E	D	F	C	S	H	Z
U	L	R	E	Y	A	P	A	K	O	D	A	C	H	R	O	M	E	S	F
Q	I	X	T	M	T	E	R	E	R	U	T	R	E	P	A	Q	D	R	Z
R	G	C	O	S	I	Z	F	Y	G	J	N	I	Z	V	I	S	I	O	N
F	H	H	N	Q	O	A	D	N	G	W	U	V	I	W	W	E	W	L	T
K	T	X	N	U	N	A	M	T	S	A	E	A	S	Q	O	K	X	D	C

Answer 2.12: PlayStation Portable

E	Z	E	H	P	W	B	R	H	T	N	L	L	B	L	R	E	I	B	W
H	S	F	A	D	N	A	D	I	G	I	T	A	L	O	K	O	P	L	L
P	O	J	N	O	A	T	S	E	M	A	G	O	E	D	I	V	L	X	A
R	N	L	D	G	T	T	G	N	S	I	M	E	E	V	Z	D	D	O	C
Y	L	E	H	P	F	E	H	T	R	I	L	E	P	K	L	Y	U	C	C
W	I	D	E	S	C	R	E	E	N	E	G	J	C	E	G	S	O	A	E
Z	N	O	L	P	B	Y	C	R	C	P	Y	N	V	O	S	N	V	P	S
C	E	M	D	L	O	L	K	T	L	N	E	A	L	E	N	Q	R	M	S
B	C	H	A	R	G	E	R	A	O	L	R	O	L	E	K	S	O	N	O
S	S	C	S	I	D	O	Y	I	D	T	N	E	C	P	Y	V	O	K	R
W	K	H	I	Q	N	S	S	N	M	H	R	T	R	S	I	T	M	L	I
T	I	C	K	I	T	I	U	M	C	I	I	F	T	E	T	T	P	H	E
H	Q	N	C	A	V	O	U	E	W	V	G	E	S	U	M	F	L	R	S
O	M	S	T	E	S	W	T	N	I	N	M	A	B	J	K	O	A	U	Y
O	B	I	L	E	K	C	I	T	S	Y	R	O	M	E	M	W	T	V	M
D	O	E	L	L	R	V	Y	P	M	O	B	I	L	E	D	E	A	E	R
N	T	U	W	S	G	N	I	M	A	G	H	B	L	R	B	S	D	A	Z
P	O	R	T	A	B	L	E	J	P	W	T	C	A	P	M	O	C	I	I
V	A	N	F	E	R	A	W	T	F	O	S	H	M	W	F	N	Y	F	A
F	K	N	J	U	V	W	R	D	J	A	V	M	S	I	B	Y	Q	O	S

Answer 2.13: Family Guy

X	T	T	A	L	K	I	N	G	D	O	G	O	H	A	U	Q	C	F	W
U	D	W	T	E	A	P	F	S	N	I	F	F	I	R	G	G	A	D	G
S	T	G	S	D	A	Y	X	I	A	L	G	P	W	H	U	M	O	R	U
E	R	N	C	R	U	D	E	M	L	P	N	E	K	C	I	H	C	B	D
I	W	A	E	R	L	F	C	P	S	R	E	T	J	L	Q	I	K	X	Y
R	I	N	L	M	A	A	H	S	I	I	T	E	Y	U	D	V	D	N	N
E	T	E	J	L	N	V	K	O	E	M	G	R	A	B	A	R	N	K	N
S	A	K	R	C	O	I	A	N	D	E	A	G	C	X	A	U	A	E	Y
F	E	R	E	I	I	C	A	S	O	T	M	R	H	E	F	B	L	V	N
S	W	L	C	G	T	K	E	T	H	I	I	I	A	W	M	P	E	I	E
E	E	E	O	N	C	A	I	U	R	M	W	F	R	U	U	F	V	S	T
D	O	V	O	L	N	H	S	E	L	E	S	F	A	A	I	K	E	N	X
O	W	U	C	Y	U	F	R	I	W	B	T	I	C	L	L	T	L	E	A
S	O	Q	A	Q	F	T	I	I	O	Y	L	N	T	Z	H	U	C	F	O
I	S	O	R	V	S	Q	F	L	S	L	U	I	E	G	W	F	P	F	G
P	F	P	T	I	Y	M	C	O	M	E	D	Y	R	T	V	S	H	O	W
E	T	A	O	D	D	S	U	H	X	M	A	E	S	Y	D	O	R	A	P
Q	S	I	O	E	N	O	I	S	I	V	E	L	E	T	R	P	L	F	R
G	B	H	N	O	I	T	A	M	I	N	A	C	I	R	E	M	A	Z	K
H	S	B	F	X	K	Z	R	N	S	C	Q	D	K	T	W	N	O	G	N

Answer 2.14: Macintosh

Y	G	X	K	S	K	R	T	F	O	S	O	R	C	I	M	A	C	O	S
I	D	I	P	A	D	P	G	N	Y	I	O	N	N	E	T	I	H	W	P
O	W	S	C	R	E	E	N	G	S	L	R	B	O	X	J	F	G	H	U
O	C	C	H	M	O	U	S	E	T	I	P	U	T	P	E	W	P	U	N
P	S	O	H	R	P	A	B	I	I	C	K	S	E	E	F	E	O	L	I
Y	E	T	M	A	E	C	N	C	G	O	O	E	B	N	R	V	T	B	Q
A	N	E	E	P	R	L	O	T	E	N	O	R	O	S	A	I	K	N	U
G	U	C	T	V	A	D	I	F	R	V	B	I	O	I	S	T	S	R	E
W	T	H	S	L	E	N	W	A	K	A	C	N	K	V	K	A	E	A	R
Q	I	N	Y	E	A	J	Y	A	B	L	A	T	S	E	I	E	D	U	A
N	E	O	S	E	O	E	O	S	R	L	M	E	M	H	N	R	P	G	W
L	N	L	G	N	G	U	C	B	C	E	E	R	A	U	E	C	H	L	T
M	M	O	N	O	F	I	C	O	S	Y	B	F	R	Q	U	L	J	N	F
O	L	G	I	H	H	A	M	N	O	I	T	A	T	S	K	R	O	W	O
N	A	Y	T	P	M	P	V	Z	E	L	E	C	T	R	O	N	I	C	S
I	T	E	A	I	U	Z	D	R	A	P	O	E	L	W	O	N	S	I	A
T	I	R	R	T	E	Q	L	D	K	O	K	U	D	I	N	H	N	P	F
O	G	J	E	D	U	C	A	T	I	O	N	R	E	D	O	M	L	O	A
R	I	R	P	O	W	E	R	B	O	O	K	E	Y	B	O	A	R	D	R
I	D	C	O	M	P	U	T	E	R	S	P	O	T	P	A	L	W	V	I

Answer 2.15: Hubble Space Telescope

H	Y	L	P	X	C	Y	T	D	P	X	Z	S	O	O	T	V	G	Z	F
S	P	O	X	A	T	Z	S	T	N	E	M	U	R	T	S	N	I	G	A
M	T	W	M	I	O	G	Y	G	O	L	O	N	H	C	E	T	Y	K	S
O	M	E	V	P	I	M	A	G	E	S	E	I	X	A	L	A	G	D	R
O	R	A	N	B	H	O	B	S	E	R	V	A	T	I	O	N	S	Z	O
A	R	R	G	A	J	O	U	H	C	N	U	A	L	B	H	L	W	R	R
G	H	T	E	N	L	N	T	N	O	I	S	S	I	M	K	A	E	S	R
D	P	H	S	S	I	P	S	O	H	S	S	K	U	U	C	C	I	T	I
N	I	O	E	I	E	F	M	R	G	P	O	Y	V	M	A	I	V	U	M
C	H	R	X	X	T	A	I	E	A	R	S	M	H	P	L	T	L	A	E
S	Z	B	P	N	R	N	R	C	X	T	A	E	S	P	B	P	I	N	T
A	N	I	L	S	A	E	E	C	A	P	S	P	R	O	O	O	G	O	S
T	X	T	O	Q	T	S	I	I	H	T	E	N	H	I	C	R	H	R	Y
E	A	R	R	L	H	R	A	I	C	E	I	N	E	U	A	N	T	T	S
L	A	A	A	U	G	E	S	I	D	S	D	O	S	L	T	P	M	S	R
L	D	A	T	A	I	V	E	L	B	B	U	H	N	I	W	D	E	A	A
I	P	T	I	V	N	I	O	S	U	P	E	R	N	O	V	A	D	R	L
T	L	F	O	N	G	N	W	T	E	L	E	S	C	O	P	E	H	E	O
E	J	Z	N	E	B	U	L	A	J	N	G	T	W	G	E	I	B	A	S
W	V	Q	R	Y	S	D	H	L	V	U	D	Y	I	E	P	B	C	C	V

Answer 2.16: Netbooks

G	I	T	I	O	O	E	T	H	Y	P	J	S	D	M	O	B	I	L	E
X	I	N	L	A	G	G	D	V	O	O	O	I	S	G	O	N	A	A	F
G	F	G	F	J	B	E	K	W	I	F	I	T	J	E	T	E	E	M	A
W	Y	M	C	O	S	I	E	O	T	E	U	H	O	E	C	V	U	S	N
Y	Z	S	T	K	R	R	H	W	O	L	A	I	R	P	A	I	U	B	W
B	G	E	T	K	F	M	A	S	N	B	C	N	I	E	P	S	V	O	I
R	P	O	F	U	H	R	A	N	O	A	E	U	A	R	M	N	L	E	N
Y	P	G	L	I	E	L	E	T	B	T	R	T	T	S	O	E	U	X	D
Q	V	N	L	O	L	R	Y	T	I	R	N	H	O	O	C	P	L	C	O
U	I	E	I	E	N	Y	A	Z	U	O	H	G	M	N	A	X	H	A	W
P	I	E	D	V	S	H	R	W	D	P	N	I	P	A	I	E	P	N	S
B	L	R	N	A	E	A	C	E	D	A	M	L	R	L	A	N	R	S	M
Y	N	C	O	N	M	R	R	E	T	R	P	O	O	P	D	I	I	I	M
R	Q	S	I	F	A	D	D	V	T	T	A	I	C	H	R	Y	C	M	Z
Z	F	L	S	A	G	D	L	K	A	L	A	H	E	B	A	R	E	V	C
Y	N	L	P	D	V	R	M	M	Z	U	T	B	S	P	O	T	P	A	L
O	G	A	P	P	L	I	C	A	T	I	O	N	S	S	B	O	K	H	I
H	G	M	Y	T	I	V	I	T	C	E	N	N	O	C	Y	E	K	L	N
C	C	S	S	E	L	E	R	I	W	T	P	F	R	E	E	X	W	S	U
B	D	V	X	L	T	T	A	B	L	E	T	G	H	B	K	T	S	H	X

Answer 2.17: Archie Comics

L	W	L	F	I	C	T	I	O	N	A	L	B	L	O	N	D	E	K	A
A	C	X	A	P	H	A	H	I	R	A	M	L	O	D	G	E	O	T	W
P	L	A	R	Z	A	N	S	P	E	Z	U	A	N	I	M	A	T	E	D
I	F	F	P	B	R	I	H	K	S	J	G	W	G	Z	A	T	K	L	A
C	G	N	I	W	A	R	D	A	O	C	W	S	R	P	L	A	R	A	T
N	C	E	P	Z	C	B	H	C	O	O	W	X	U	Q	T	I	O	D	I
I	E	N	E	O	T	A	T	C	M	E	B	B	N	J	S	W	Y	R	N
R	J	W	P	B	E	S	Q	I	R	E	S	C	N	G	H	N	W	E	G
P	A	U	S	T	R	E	G	D	O	L	A	C	I	N	O	R	E	V	D
P	U	M	G	P	S	E	N	E	M	T	D	C	N	M	P	D	N	I	W
L	O	Z	E	H	A	A	H	N	U	N	H	V	G	H	O	D	T	R	R
D	O	P	F	R	E	P	A	T	H	A	O	B	I	W	A	C	N	O	J
R	S	O	U	I	I	A	E	P	A	M	S	G	L	Z	T	X	H	A	H
E	P	E	H	L	U	C	D	R	R	E	P	O	O	C	Y	T	T	E	B
D	O	C	J	C	A	Y	A	O	M	I	W	R	S	G	O	G	L	V	M
H	R	S	T	R	S	R	K	N	N	G	A	R	C	H	I	B	A	L	D
A	T	M	T	M	H	H	C	E	E	G	T	I	M	T	S	R	M	N	C
I	S	O	U	S	R	E	G	A	N	E	E	T	L	Q	Z	K	L	Y	G
R	O	L	N	A	R	B	B	I	F	R	I	E	N	D	S	U	N	S	O
N	C	T	X	M	I	D	G	E	H	T	Y	S	R	O	F	U	N	N	Y

Answer 3.01: Indiana Jones

G	E	S	K	I	J	Z	R	S	E	A	N	C	O	N	N	E	R	Y	R
C	S	E	R	U	T	N	E	V	D	A	N	A	C	I	R	E	M	A	F
H	I	R	A	B	Q	F	T	N	A	N	E	V	O	C	T	P	I	E	L
G	H	I	T	U	D	E	C	A	M	Q	N	P	Y	N	U	D	S	E	X
P	C	E	S	Z	R	M	A	R	A	H	A	O	U	S	E	K	A	N	S
N	N	S	O	P	O	Y	R	O	T	S	I	H	I	R	S	T	C	B	K
R	A	U	L	F	F	S	A	D	V	O	E	T	S	T	H	P	U	Z	E
X	R	E	I	K	N	T	H	E	K	R	N	H	E	E	C	L	L	V	N
F	F	L	C	C	O	E	C	F	U	E	K	V	R	W	L	A	E	I	Y
B	M	L	O	U	S	R	L	S	I	L	E	J	O	W	B	R	G	D	F
V	V	U	N	M	I	Y	A	C	B	N	A	S	H	T	X	C	R	E	Y
Q	C	K	W	N	R	E	N	O	S	C	D	I	E	Z	X	H	O	O	C
A	D	S	X	O	R	A	O	P	K	R	P	Y	R	I	O	A	E	G	H
Y	K	L	U	T	A	K	I	E	R	J	B	W	O	S	V	E	G	A	P
B	N	A	O	L	H	E	T	E	M	P	L	E	O	F	D	O	O	M	Q
U	L	T	A	O	L	N	C	Z	H	T	T	R	A	V	E	L	M	E	C
Q	E	S	Q	B	Q	D	I	S	N	E	Y	L	A	N	D	O	Q	S	D
K	T	Y	E	P	R	O	F	E	S	S	O	R	D	R	E	G	N	A	D
I	C	R	U	S	A	D	E	O	T	X	L	I	A	R	G	Y	L	O	H
E	G	C	J	Y	F	P	V	R	X	U	S	F	D	C	R	D	Y	F	C

Answer 3.02: Chemical Elements

R	N	Z	S	O	M	D	W	Y	E	F	E	A	S	I	L	I	C	O	N
I	S	D	U	E	U	I	F	R	V	L	L	Y	E	K	O	E	S	N	O
F	R	Y	B	R	I	U	K	T	P	U	E	P	P	C	V	M	C	A	R
K	E	M	S	E	N	Q	H	S	M	J	G	C	O	I	K	U	I	S	O
B	B	U	T	P	A	I	E	I	A	M	A	T	T	E	R	I	E	X	B
L	M	I	A	P	R	L	N	M	T	C	S	C	O	R	N	S	N	E	Y
X	U	H	N	O	U	U	R	E	O	M	A	K	S	U	O	E	T	F	Q
P	N	T	C	C	M	D	L	H	M	O	L	U	I	Q	S	N	I	B	Z
W	E	I	E	L	B	A	T	C	I	D	O	I	R	E	P	G	S	N	K
N	G	L	X	I	B	J	K	D	C	H	X	R	P	U	D	A	T	E	R
X	O	R	P	E	H	S	A	S	N	O	T	O	R	P	M	M	R	R	P
M	R	B	E	R	O	R	C	M	U	I	L	E	H	L	U	R	E	I	M
E	T	A	R	D	N	U	O	P	M	O	C	Z	G	U	I	E	Q	F	A
R	I	C	I	A	B	N	L	O	B	M	Y	S	T	T	L	V	U	T	S
C	N	U	M	V	C	V	W	S	E	P	O	R	T	O	L	L	A	M	S
U	M	M	E	P	R	O	P	E	R	T	I	E	S	N	Y	I	T	W	N
R	P	Q	N	E	G	O	R	D	Y	H	I	G	W	I	R	S	I	U	D
Y	M	E	T	A	L	S	O	X	S	N	O	R	T	U	E	N	O	W	D
H	X	X	O	E	X	V	K	Y	Z	L	S	O	O	M	B	K	N	N	M
C	Z	C	M	E	R	L	H	H	D	T	X	D	F	N	W	Y	B	I	C

Answer 3.03: Steve Jobs

D	D	I	G	T	K	K	R	K	U	U	Y	N	A	P	M	O	C	W	S
C	A	P	P	L	E	I	N	C	O	M	P	U	T	E	R	S	H	R	P
F	D	S	H	A	R	E	H	O	L	D	E	R	S	J	O	C	A	H	R
A	D	S	A	P	N	Y	E	L	L	A	V	N	O	C	I	L	I	S	E
I	N	T	Y	I	I	C	H	I	M	R	G	K	S	A	T	A	R	I	D
P	B	C	E	R	D	X	R	V	C	A	M	I	Y	E	N	O	M	N	A
I	G	U	N	P	H	E	A	E	X	E	C	U	T	I	V	E	A	E	E
T	N	D	S	C	U	D	M	R	A	N	R	I	Q	A	S	O	N	X	L
N	H	O	I	I	O	G	L	T	A	T	R	A	N	S	E	N	U	T	I
A	N	R	D	P	N	H	I	R	E	N	I	E	W	T	L	O	E	C	M
C	E	P	T	U	T	E	F	A	E	C	I	C	P	T	O	B	X	O	A
I	R	E	L	L	Z	N	S	N	J	T	H	M	C	O	F	S	L	M	C
R	D	D	A	O	A	S	A	S	E	M	O	N	A	A	L	O	H	P	W
E	Q	E	W	S	M	D	C	P	M	N	U	N	O	T	N	E	S	U	O
M	H	I	P	A	D	M	U	L	V	A	O	S	Y	L	I	C	V	T	R
A	I	N	R	O	F	I	L	A	C	D	N	H	I	E	O	O	E	E	L
E	N	T	R	E	P	R	E	N	E	U	R	P	P	C	K	G	N	R	D
G	A	R	A	G	E	V	I	T	A	V	O	N	N	I	S	Z	Y	W	U
N	N	H	S	T	O	C	K	X	K	D	Z	Q	P	B	Q	U	K	M	T
E	Y	X	V	G	V	H	M	J	H	U	S	X	Q	Q	U	K	D	N	E

Answer 3.04: Paintball

O	A	P	U	G	D	E	Q	L	S	B	T	W	K	J	I	D	K	U	G
Y	Y	J	E	E	S	K	K	Q	V	A	A	A	N	E	R	A	W	J	D
F	S	S	V	R	D	D	F	C	D	W	S	T	B	E	R	G	O	I	H
T	M	D	U	Q	N	T	S	D	O	R	N	S	T	M	A	C	P	C	V
P	M	O	I	P	E	X	T	R	E	M	E	U	A	L	O	O	P	A	Y
S	C	O	P	A	I	D	G	Y	N	L	P	S	F	M	E	C	O	M	W
U	D	W	M	I	R	Q	A	N	G	Z	K	E	P	H	E	J	N	O	I
V	E	S	T	N	F	L	C	G	I	S	H	R	T	D	U	E	E	U	U
C	S	D	L	T	P	L	O	B	V	T	E	X	R	I	V	R	N	F	M
I	Y	I	U	B	T	G	H	F	E	S	O	V	P	I	T	O	T	L	A
J	Y	K	F	A	L	O	R	R	S	N	F	O	O	E	I	I	D	A	R
I	L	Y	R	L	V	A	U	E	S	C	S	L	H	T	L	E	V	G	K
I	V	G	O	L	T	T	D	T	L	P	E	K	I	S	F	L	S	E	E
R	E	I	L	M	P	A	R	E	D	N	O	N	C	E	R	E	E	T	R
T	R	E	O	A	I	Z	A	H	T	O	U	R	N	A	M	E	N	T	S
Y	Q	H	C	R	O	G	M	M	O	M	O	S	T	A	T	N	V	W	S
O	G	I	S	K	U	V	P	I	M	T	E	R	G	A	C	T	I	O	N
L	K	D	L	E	I	F	I	A	K	S	W	E	S	W	G	E	A	R	W
P	V	E	S	R	E	G	N	I	P	I	W	U	V	Y	O	O	V	U	F
X	V	O	A	S	N	U	G	N	I	N	N	U	R	E	P	P	O	H	V

Answer 3.05: The Daily Show

H	U	M	O	R	O	U	S	C	E	L	O	D	E	M	O	C	R	A	T
A	Z	O	I	B	C	H	H	G	L	A	C	I	R	I	T	A	S	R	O
B	R	N	V	J	J	O	H	N	O	L	I	V	E	R	E	K	A	R	E
S	B	O	D	I	L	S	R	E	T	R	O	P	E	R	L	W	L	J	F
U	C	L	N	L	W	T	T	R	O	P	E	R	T	R	E	B	L	O	C
R	O	O	A	F	A	K	E	N	E	W	S	R	Y	T	V	P	A	U	U
D	N	G	M	P	O	X	T	I	N	S	E	W	S	N	I	R	T	R	R
E	T	U	F	E	O	E	P	E	W	B	P	N	R	N	S	O	E	N	R
E	R	E	I	U	D	L	W	E	L	I	O	O	S	A	I	G	N	A	E
B	O	L	S	N	X	Y	I	O	P	J	B	E	N	I	O	R	I	L	N
A	V	B	A	M	O	V	C	T	R	L	W	N	Y	D	N	A	G	I	T
H	E	A	A	R	R	N	W	E	I	P	K	E	Y	E	E	M	H	S	E
T	R	C	K	E	E	R	P	K	N	C	S	W	C	M	M	N	T	M	V
N	S	Q	T	H	I	U	G	S	O	T	S	S	L	O	I	H	T	D	E
A	Y	N	P	T	B	I	L	M	S	A	R	P	H	C	T	J	K	S	N
M	I	E	E	L	A	T	N	E	M	N	I	A	T	R	E	T	N	E	T
A	T	R	I	R	I	F	U	N	N	Y	V	R	L	A	M	A	B	O	S
S	S	C	C	W	U	G	F	N	Q	G	R	O	B	R	I	G	G	L	E
T	A	L	K	S	H	O	W	G	L	E	Q	D	L	A	R	E	B	I	L
N	C	A	C	O	M	M	E	N	T	A	R	Y	N	D	P	X	A	M	V

Answer 3.06: Science

R	P	D	K	P	W	V	M	W	M	E	X	K	J	W	R	I	F	K	P
D	R	A	D	E	I	L	P	P	A	S	T	R	O	N	O	M	Y	X	Y
Z	O	O	L	O	G	Y	R	O	E	H	T	R	A	E	E	P	G	A	H
P	C	S	N	I	E	T	S	N	I	E	D	U	C	A	T	I	O	N	W
H	E	T	S	E	T	Z	Y	R	Q	M	I	F	D	Q	N	X	L	A	X
Y	S	C	I	T	A	M	E	H	T	A	M	U	U	Y	X	H	O	T	X
S	S	E	S	S	S	N	O	I	T	A	V	R	E	S	B	O	H	O	A
I	L	J	M	W	Y	R	T	S	I	M	E	H	C	O	I	B	C	M	E
C	H	O	D	I	G	B	B	H	D	I	S	C	O	V	E	R	Y	Y	L
S	T	R	K	E	O	A	C	E	R	E	T	U	P	M	O	C	S	R	E
A	I	P	U	Y	L	Y	G	O	L	O	T	N	O	E	L	A	P	D	M
E	G	S	G	B	O	T	A	N	Y	S	P	U	N	I	V	E	R	S	E
G	G	G	E	I	I	Y	H	P	A	R	G	O	N	A	E	C	O	M	N
E	N	D	E	H	B	Q	K	G	T	Y	G	O	L	O	N	H	C	E	T
S	C	I	E	N	T	I	F	I	C	M	E	T	H	O	D	N	M	D	S
C	E	A	N	L	E	O	G	N	I	R	E	E	N	I	G	N	E	I	S
H	G	H	P	R	W	T	P	C	I	T	A	M	E	T	S	Y	S	C	A
O	S	M	U	S	A	O	I	Y	G	O	L	O	E	G	B	C	Q	I	L
O	F	U	T	U	R	E	N	C	H	C	R	A	E	S	E	R	F	N	C
L	I	F	E	H	B	O	L	K	S	F	L	H	T	E	A	C	H	E	R

Answer 3.07: Ninja

C	E	K	U	A	P	R	T	O	B	H	K	K	U	R	C	M	B	O	W
Y	J	G	N	I	N	I	A	R	T	E	S	P	I	O	N	A	G	E	I
R	O	I	R	R	A	W	V	A	Q	C	H	Y	V	E	S	R	E	N	N
R	O	M	R	A	V	X	E	N	I	Q	F	E	K	S	F	T	V	L	H
W	P	Y	E	M	P	D	J	T	S	I	R	I	A	S	H	I	I	E	O
D	O	S	C	R	Y	P	C	F	O	T	R	S	W	G	S	A	T	G	B
X	Y	D	D	N	C	A	L	L	F	U	S	R	I	I	H	L	E	E	U
M	K	R	A	D	T	E	A	I	H	I	V	N	B	Q	E	A	R	N	D
H	K	O	P	H	Q	S	N	S	N	S	G	L	F	B	P	R	C	D	J
G	C	W	V	I	S	U	A	A	Q	G	E	H	K	T	B	T	E	S	O
S	Z	S	J	D	M	O	T	W	R	K	H	C	T	S	N	S	S	T	Q
X	J	S	A	D	F	I	A	E	C	Y	A	O	E	I	I	Y	I	E	S
R	P	A	P	E	O	R	K	A	V	L	Y	I	O	U	N	S	T	A	R
Y	G	M	A	N	U	E	Q	P	B	B	V	R	G	K	J	G	B	L	E
E	T	U	N	O	R	T	H	O	D	O	X	S	O	D	U	O	R	T	G
L	E	R	E	A	B	S	N	N	M	C	I	P	H	T	T	G	A	H	G
L	L	A	S	R	L	Y	S	S	N	D	K	E	G	A	S	R	V	Y	A
Q	D	I	E	E	I	M	Y	T	H	O	L	O	G	Y	U	I	E	W	D
Z	A	D	K	L	T	U	R	T	L	E	S	E	N	I	H	C	H	A	D
N	I	V	S	S	S	R	X	V	I	E	L	A	G	L	B	U	O	H	X

Answer 3.08: Playstation 3

L	U	R	G	S	U	S	Y	S	T	E	M	Y	N	I	H	S	R	Q	V
B	R	C	V	L	C	V	W	K	D	B	L	U	R	A	Y	A	W	E	N
X	N	E	O	I	T	A	N	C	T	U	D	O	R	Z	C	Q	N	V	Q
M	O	K	L	M	A	A	L	A	E	R	A	D	S	C	K	T	Y	I	O
Y	I	B	T	L	P	R	S	L	K	R	W	L	E	N	E	A	N	R	O
S	S	G	X	A	O	U	R	B	O	A	A	S	S	R	O	T	O	D	W
C	I	N	J	E	C	R	T	B	R	F	S	W	T	H	E	C	S	D	O
I	V	I	R	V	O	R	T	E	O	O	D	A	T	R	O	L	Q	R	S
H	E	M	K	I	N	N	Z	N	R	D	I	U	N	F	P	C	Q	A	E
P	L	A	Y	S	T	A	T	I	O	N	N	E	T	W	O	R	K	H	I
A	E	G	G	N	R	Y	E	Z	M	C	T	E	Q	Y	D	S	K	V	V
R	T	E	O	E	O	S	L	E	E	K	S	J	T	U	O	V	Y	G	O
G	K	N	L	P	L	O	N	O	O	D	I	S	C	N	R	E	D	O	M
W	A	I	O	X	L	T	M	U	L	T	I	M	E	D	I	A	P	O	U
O	H	L	N	E	E	I	Y	S	A	T	N	A	F	L	A	N	I	F	S
W	M	N	H	A	R	L	P	V	S	E	M	A	G	O	E	D	I	V	I
X	Q	O	C	E	S	C	I	N	O	R	T	C	E	L	E	R	X	Q	C
H	O	M	E	R	U	T	N	E	V	D	A	G	S	D	N	E	I	R	F
C	A	C	T	I	O	N	A	U	N	X	D	D	G	R	I	H	X	W	S
J	M	F	X	J	J	D	B	G	F	I	I	M	A	A	D	Q	S	L	F

Answer 3.09: Kung Fu

K	S	C	C	U	L	T	U	R	E	X	P	I	G	I	R	F	C	F	N
B	R	R	H	L	A	E	C	T	H	X	A	N	I	R	A	D	N	A	M
O	I	S	I	F	I	T	N	E	S	S	E	U	Q	I	N	H	C	E	T
G	U	K	F	Z	F	O	N	F	H	C	D	R	V	T	C	Q	D	T	L
W	S	R	F	F	C	S	E	I	V	O	M	K	C	N	L	I	Y	A	A
P	R	E	D	E	P	E	R	G	L	W	N	C	U	I	T	G	S	R	C
Y	E	G	E	O	A	J	E	H	C	V	C	P	N	A	S	K	J	A	I
Y	C	I	R	R	D	E	X	T	O	U	W	A	T	O	N	E	W	K	S
L	I	T	Q	S	L	U	S	I	M	P	H	I	L	O	S	O	P	H	Y
K	T	O	R	E	E	T	J	N	P	C	O	C	M	Y	L	P	K	F	H
W	C	N	C	A	U	C	B	G	E	N	I	L	P	I	C	S	I	D	P
G	A	U	E	D	D	M	N	I	T	F	H	C	X	W	M	A	C	W	M
F	R	R	E	I	E	I	K	A	I	Y	E	A	I	T	O	I	K	I	L
B	P	N	R	T	C	C	T	H	T	T	U	D	R	T	V	S	I	H	E
G	T	F	H	I	A	N	A	I	I	S	N	A	F	D	E	A	N	C	Y
O	M	O	N	J	O	B	A	B	O	A	I	W	R	L	M	L	G	I	K
H	D	C	O	O	V	R	M	G	N	N	X	K	Y	T	E	V	H	A	W
J	V	U	X	Q	M	V	I	O	I	Y	A	T	Q	B	N	S	K	T	Y
V	Z	S	E	X	G	F	T	N	C	D	S	L	J	E	T	L	I	E	A
C	E	Z	M	D	R	A	G	O	N	L	O	O	H	C	S	G	W	H	M

Answer 3.10: Virtual Reality

D	S	E	L	G	G	O	G	Z	C	Y	K	S	R	L	L	K	O	X	R
O	Q	X	D	Y	S	A	T	N	A	F	R	G	E	L	G	Q	E	J	K
I	C	P	A	N	G	I	S	E	D	M	N	O	P	S	B	E	K	M	C
L	R	E	D	S	D	K	S	G	C	I	O	R	S	E	Z	C	H	O	E
L	E	N	V	R	T	L	L	E	M	H	O	V	I	N	A	A	M	D	S
U	A	S	A	T	X	A	R	A	M	G	N	N	I	B	E	P	F	E	U
S	L	I	N	T	S	I	G	O	R	A	N	O	D	E	U	S	U	R	O
I	I	V	C	S	N	N	R	A	W	O	G	E	L	T	S	R	T	N	M
O	S	E	E	I	I	E	M	T	V	Y	E	O	E	O	P	E	U	E	H
N	T	S	D	N	F	M	M	A	A	F	R	R	E	D	G	B	R	V	T
D	I	G	I	I	I	I	T	N	E	M	S	A	Q	D	F	Y	I	O	B
T	C	A	Z	N	O	I	T	C	I	F	E	C	N	E	I	C	S	L	R
Q	R	N	G	H	V	E	R	R	T	A	X	H	R	I	S	V	T	G	A
T	M	I	I	E	C	O	R	Q	A	Q	T	N	T	E	G	X	I	D	I
E	E	M	R	L	F	S	C	I	H	P	A	R	G	U	E	A	C	E	N
S	D	A	A	M	I	D	L	R	O	W	L	A	E	R	X	N	M	R	O
D	I	T	T	E	I	P	T	S	I	M	U	L	A	T	I	O	N	I	I
A	C	E	A	T	A	T	N	E	M	N	O	R	I	V	N	E	I	W	S
E	A	D	V	E	N	T	U	R	E	V	I	T	C	A	R	E	T	N	I
H	L	L	A	U	S	I	V	K	S	O	U	N	D	Z	A	Z	N	X	V

Answer 3.11: Stephen King

F	S	X	B	E	S	G	Z	C	Y	V	H	K	S	F	P	U	T	Y	D
N	G	H	D	B	A	U	P	Q	A	U	O	F	L	E	W	X	H	R	T
M	E	N	K	X	L	S	O	F	I	R	E	S	T	A	R	T	E	R	W
O	V	M	I	S	E	R	Y	M	V	K	R	E	M	R	Q	A	G	Y	T
O	I	G	K	N	A	H	S	W	A	H	S	I	T	R	M	B	R	N	E
E	T	T	A	B	I	T	H	A	S	F	S	R	E	C	O	O	E	O	U
N	A	D	A	U	T	H	O	R	V	A	R	O	A	O	T	D	E	I	Y
Z	E	D	E	J	C	E	S	O	L	S	J	T	K	S	I	R	N	S	N
N	R	E	T	I	R	W	N	E	E	R	C	S	T	C	R	W	M	I	I
T	C	S	U	U	H	O	M	R	H	H	D	R	C	E	S	S	I	V	Q
E	O	P	H	O	R	S	B	B	E	T	O	A	E	P	W	A	L	E	L
R	E	E	R	L	L	A	U	R	F	H	R	M	R	E	S	D	E	L	O
R	N	R	U	O	C	D	T	P	S	A	O	O	M	K	N	I	U	E	V
O	O	A	T	A	C	Y	G	S	C	V	D	Y	H	A	T	P	N	T	U
R	Z	T	M	U	N	N	T	Y	I	U	I	K	T	E	W	O	L	M	T
H	D	I	J	E	I	W	V	E	C	L	O	S	M	L	I	F	W	A	Q
Y	A	O	S	T	N	R	S	E	O	R	E	L	L	I	R	H	T	E	Y
V	E	N	I	T	S	I	R	H	C	H	L	V	P	O	P	U	L	A	R
Z	D	R	N	W	U	F	A	N	T	A	S	Y	O	Y	V	U	W	G	H
Q	W	L	C	X	U	R	O	M	J	E	Z	E	S	N	E	P	S	U	S

Answer 3.12: New Technology

S	P	L	A	S	M	A	V	R	E	W	O	P	N	O	I	S	U	F	L
U	X	S	R	A	C	C	I	R	T	C	E	L	E	O	E	U	G	Y	H
P	R	S	T	N	R	M	R	R	E	S	E	A	R	C	H	E	A	M	U
E	H	P	F	A	E	A	T	L	A	V	R	O	N	Y	N	U	T	O	G
R	T	A	A	N	F	C	U	I	Q	R	C	A	E	E	T	H	A	N	S
C	R	C	R	O	S	H	A	G	A	K	V	B	T	O	O	P	I	O	C
O	A	E	C	W	N	I	L	H	E	D	R	I	M	L	P	T	Y	C	I
N	N	C	R	I	A	N	R	T	A	A	C	A	O	L	U	G	G	E	T
D	S	O	I	R	R	E	E	I	I	E	T	G	I	P	O	S	O	N	A
U	P	L	A	E	T	T	A	N	N	I	R	E	M	L	B	S	L	E	M
C	O	O	L	B	Y	R	L	G	O	A	D	O	O	I	T	E	O	G	R
T	R	N	A	A	G	A	I	N	P	M	C	N	O	E	D	L	N	O	O
I	T	I	N	T	R	N	T	H	E	L	H	F	M	N	A	E	H	R	F
V	A	Z	O	T	E	S	Y	C	A	C	U	C	I	S	E	R	C	D	N
I	T	A	S	E	N	L	H	C	E	E	E	W	E	R	X	I	E	Y	I
T	I	T	R	R	E	A	I	T	L	L	M	R	G	K	F	W	T	H	O
Y	O	I	E	Y	N	T	O	S	L	E	U	F	L	I	S	S	O	F	I
U	N	O	P	I	P	I	E	X	O	S	K	E	L	E	T	O	N	H	B
G	T	N	C	O	B	O	R	O	T	A	V	E	L	E	E	C	A	P	S
T	E	S	Q	U	A	N	T	U	M	C	O	M	P	U	T	I	N	G	Z

Answer 3.13: Avatar

T	N	S	R	N	F	Z	U	O	E	R	U	T	L	U	C	N	G	S	L
Y	R	W	H	O	U	N	A	T	U	R	E	F	S	M	T	F	R	A	G
K	A	U	W	B	T	C	L	X	N	A	U	R	A	P	I	A	Y	P	X
L	A	B	M	V	U	C	P	U	D	Y	E	T	B	N	C	N	G	I	A
Q	N	U	I	T	R	A	E	V	F	T	N	O	C	S	T	N	I	E	V
S	I	M	L	E	I	E	E	R	S	I	X	O	O	I	O	A	X	N	B
E	M	H	I	G	S	N	T	U	I	O	T	M	I	T	P	T	S	T	G
S	A	T	T	D	T	M	B	A	F	D	A	U	G	T	R	T	R	Y	I
S	T	R	A	U	I	K	W	F	E	O	I	N	A	A	C	I	S	Z	A
A	I	A	R	B	C	Y	I	T	A	H	I	O	T	E	B	A	D	E	Z
L	O	E	Y	O	E	C	C	N	W	H	T	E	F	E	B	H	T	P	B
G	N	A	L	N	E	H	P	E	T	S	R	F	N	O	I	S	S	I	M
O	D	B	G	T	Z	A	C	R	D	R	E	T	U	P	M	O	C	C	X
Z	E	U	G	I	R	D	O	R	E	L	L	E	H	C	I	M	H	F	V
G	E	M	L	O	L	W	A	S	A	M	A	Z	I	N	G	D	Q	I	P
H	R	O	D	I	M	W	T	U	N	O	B	T	A	N	I	U	M	L	T
G	G	N	F	A	A	R	S	D	I	O	N	A	M	U	H	A	A	M	Y
F	A	E	S	A	I	I	U	S	S	F	J	J	M	J	X	N	A	V	I
P	I	Y	F	A	V	I	Y	B	M	H	S	P	A	C	E	U	L	B	F
H	O	L	L	Y	W	O	O	D	I	I	A	Z	L	T	R	E	E	E	I

Answer 3.14: Computer Programming

L	X	U	R	A	P	R	O	G	R	A	M	S	G	A	B	A	S	I	C
K	P	Y	D	E	V	E	L	O	P	M	E	N	T	S	S	Z	N	O	E
T	B	U	G	S	S	A	L	C	A	P	I	O	C	M	D	S	P	C	M
Y	F	G	B	O	S	C	A	N	L	T	A	I	H	A	T	E	N	O	A
L	N	N	N	X	R	R	O	A	S	N	E	T	T	R	R	E	U	B	R
R	A	I	F	I	E	I	N	E	R	N	I	A	U	A	G	S	H	O	F
P	R	D	U	E	T	G	T	E	C	R	M	C	T	I	C	X	V	L	N
Z	T	O	R	C	U	O	D	E	O	A	T	I	L	R	T	H	N	L	I
H	R	C	N	A	P	O	O	G	T	I	N	L	I	Q	C	W	O	Y	A
P	O	U	G	I	M	O	L	H	O	G	E	P	G	E	I	G	I	H	M
B	F	E	G	A	O	A	E	N	S	T	T	P	N	T	G	D	T	V	A
V	S	D	I	E	C	M	S	Y	N	E	S	A	I	U	O	M	A	F	I
D	O	O	Z	U	A	B	S	I	R	S	L	I	G	P	L	T	M	Q	N
I	J	C	G	T	I	T	S	A	W	J	W	B	G	T	L	U	R	S	T
Y	O	E	I	N	E	T	W	O	R	K	G	L	U	U	A	P	O	W	A
J	B	C	A	M	E	D	D	N	P	Q	Q	G	B	O	M	N	F	F	I
D	S	R	I	R	R	N	U	E	N	G	I	N	E	E	R	I	N	G	N
V	Y	U	R	A	I	K	E	Y	B	O	A	R	D	I	O	T	I	X	U
S	Q	O	H	W	R	I	T	I	N	G	K	H	V	B	F	P	I	G	R
W	R	S	O	F	T	W	A	R	E	N	I	H	C	A	M	V	F	O	Z

Answer 3.15: Computer Games

Z	C	O	U	C	I	L	N	Q	Y	D	W	E	M	I	T	Y	S	S	V
T	S	T	R	O	P	S	I	J	X	T	K	R	G	E	G	S	W	D	U
E	N	Y	E	R	U	T	N	E	V	D	A	N	N	E	R	G	O	R	H
A	C	T	I	O	N	N	T	L	E	C	I	R	T	E	A	W	D	A	S
U	U	N	V	I	D	E	O	G	A	M	E	A	T	T	P	Y	N	C	P
Y	V	V	E	T	O	M	J	L	A	T	R	O	N	O	H	O	I	O	E
L	S	E	I	L	B	E	S	G	N	T	O	E	N	R	I	F	W	N	E
R	R	I	T	R	O	R	L	I	S	H	M	L	Y	T	C	S	Q	S	D
F	H	C	D	W	T	I	O	B	S	N	I	D	I	E	S	I	X	O	A
L	U	O	F	E	I	U	V	L	I	N	R	T	M	M	S	M	N	L	C
T	Y	N	P	E	V	Q	A	A	E	A	E	C	O	M	P	U	T	E	R
B	M	T	D	R	Q	E	T	L	O	P	P	H	V	O	C	L	O	V	A
M	R	R	A	A	Z	R	L	B	M	Y	L	G	N	I	C	A	R	M	Q
Q	P	O	O	W	E	M	Y	O	R	E	Y	A	L	P	I	T	L	U	M
H	Q	L	L	T	B	E	C	O	P	S	M	G	Y	C	S	I	D	Y	A
R	G	L	N	F	K	T	T	H	O	E	L	A	J	I	D	O	O	M	R
O	L	E	W	O	G	S	P	F	T	T	R	F	G	W	N	N	U	N	I
I	S	R	O	S	D	Y	Y	U	P	N	I	W	H	C	S	G	U	N	O
Q	M	E	D	I	A	S	C	R	A	T	I	N	G	H	P	R	S	F	D
T	A	Y	C	K	H	D	F	F	L	I	B	B	X	S	E	D	W	X	X

Answer 3.16: The Lord of the Rings

E	L	V	E	S	A	N	C	M	S	L	L	F	X	N	O	U	U	X	Y
I	Y	Q	B	N	A	R	Z	U	I	S	I	L	D	U	R	T	G	W	J
D	M	O	V	I	E	S	A	L	N	D	R	A	Z	I	W	K	N	C	U
R	W	B	R	G	L	B	Y	L	G	O	N	D	O	R	N	G	Y	V	D
M	W	E	V	G	Z	B	R	O	U	I	H	N	V	C	I	G	A	M	N
R	L	O	T	A	D	I	O	G	M	P	T	A	O	E	O	C	H	E	O
I	I	H	O	B	M	Y	T	H	O	L	O	G	Y	L	G	O	I	B	R
N	T	U	U	O	A	T	S	H	T	C	P	P	I	T	B	K	Y	J	U
G	E	L	N	D	M	B	H	S	E	I	P	R	Q	B	L	E	J	U	A
S	R	E	W	O	T	O	W	T	E	H	T	S	I	O	N	E	N	T	S
O	A	G	H	R	S	E	U	Y	R	A	O	T	T	R	O	S	V	N	E
F	T	O	U	F	R	K	Q	N	R	A	S	B	U	O	A	A	A	I	I
P	U	L	E	I	T	E	C	A	T	Y	E	O	B	M	Y	M	N	P	L
O	R	A	H	R	N	O	G	A	R	D	J	E	W	I	U	O	G	P	O
W	E	S	L	E	V	O	N	S	J	Q	O	I	L	R	T	N	G	I	O
E	G	S	E	V	R	A	W	D	J	R	S	O	A	D	I	E	N	P	D
R	I	V	E	N	D	E	L	L	V	E	E	S	M	K	D	R	R	V	X
F	M	E	R	R	Y	P	C	G	F	A	N	T	A	S	Y	I	R	O	V
C	L	I	T	O	P	I	H	S	W	O	L	L	E	F	F	N	M	X	B
Z	I	O	C	E	V	C	O	S	Y	V	N	T	W	P	G	G	Y	R	Z

Answer 3.17: Graphic Novels

X	G	N	I	H	S	I	L	B	U	P	P	J	J	H	A	M	D	R	M
K	R	W	L	I	T	E	R	A	T	U	R	E	M	A	N	G	A	H	L
E	E	A	C	K	T	I	O	F	S	A	C	T	I	O	N	H	E	T	D
C	I	T	K	A	A	I	I	R	Y	S	A	T	N	A	F	R	R	U	A
Y	S	C	E	N	R	C	E	F	E	C	B	F	Y	A	U	T	H	O	R
D	A	H	P	O	T	T	J	S	E	H	I	V	Z	T	S	Y	U	Y	K
A	N	M	Q	I	I	S	O	U	X	C	R	D	N	D	E	S	I	G	N
K	D	E	O	T	S	B	E	O	T	L	P	E	K	E	R	R	D	D	L
U	M	N	C	C	T	O	L	I	N	Z	V	T	P	R	O	E	M	R	C
G	A	B	O	E	I	U	O	R	R	D	P	A	A	U	T	T	B	A	V
L	N	N	M	L	C	N	G	E	A	O	Q	R	D	T	S	C	S	M	D
L	A	A	I	L	F	D	H	S	P	B	T	T	U	A	K	A	N	A	X
W	M	R	C	O	M	I	C	B	O	O	K	S	L	M	O	R	I	G	Q
O	T	R	F	C	H	I	L	D	R	E	N	U	T	P	O	A	M	A	Q
R	A	A	O	I	L	Y	R	A	R	B	I	L	L	R	B	H	A	Z	W
D	B	T	R	Y	R	O	T	S	E	T	E	L	P	M	O	C	G	I	F
S	C	I	M	O	C	C	D	W	R	I	T	I	N	G	E	H	E	N	F
L	E	V	R	A	M	O	V	I	E	S	J	A	P	A	N	E	S	E	B
B	S	E	R	U	T	C	I	P	H	G	N	S	X	H	H	P	B	Y	D
Q	J	C	T	J	T	E	C	E	R	J	U	O	S	Y	R	K	Z	G	D

Answer 3.18: Homer Simpson

Y	S	M	U	L	C	D	K	Y	B	M	J	Z	G	R	Y	J	S	B	C
E	R	N	L	A	J	L	Q	B	C	A	R	T	O	O	N	C	F	X	K
L	X	U	R	W	D	P	K	I	V	T	E	L	E	V	I	S	I	O	N
L	C	C	D	U	F	L	E	D	I	Q	G	M	N	E	K	E	V	F	O
O	R	L	K	E	B	J	E	G	N	I	N	E	O	R	G	T	T	A	M
W	R	E	M	O	H	R	W	I	D	A	R	Q	U	W	C	U	O	M	A
M	F	A	T	H	E	R	M	U	F	D	B	S	R	E	R	N	Y	I	L
U	N	R	Q	C	X	T	F	K	L	G	T	S	S	I	I	H	S	L	E
G	O	P	J	R	A	F	H	I	I	Y	N	U	U	G	B	G	F	Y	R
O	S	O	K	Q	B	R	H	E	T	D	O	I	X	H	E	U	G	Z	M
H	P	W	G	E	X	C	A	H	S	H	S	K	R	T	P	O	N	A	C
Y	M	E	E	E	L	J	E	H	R	I	P	O	N	P	I	D	R	L	M
E	I	R	L	I	R	C	A	W	C	N	M	C	I	S	S	A	L	C	S
J	S	P	D	V	L	Z	N	D	M	Q	I	P	O	F	O	B	D	R	Z
H	E	L	C	O	M	E	D	Y	W	R	S	I	S	L	D	I	E	A	D
S	G	A	W	M	D	N	D	I	P	U	T	S	W	O	E	D	I	L	Z
D	R	N	O	I	T	A	M	I	N	A	R	F	U	N	N	Y	R	U	L
R	A	T	E	N	A	L	L	E	T	S	A	C	N	A	D	S	R	P	W
I	M	O	B	Y	A	Y	E	N	R	A	B	A	L	D	O	H	A	O	W
Z	L	I	K	M	S	K	N	C	X	M	E	F	I	W	F	A	M	P	Y